미니멀 라이프
최적화

이 책의 출판권은 ㈜두드림미디어에 있습니다.
저작권법에 의해 보호받는 저작물이므로 무단 전재와 복제를 금합니다.

100억 부자를 만드는

미니멀 라이프 최적화

황재수 지음

두드림미디어

프롤로그

어느덧 현대인들의 생활에 깊숙이 정착하게 되어, 미니멀 라이프는 이제 더 이상 신박한 일도 아닐 것이다. 필자는 정리수납 전문가나 인테리어 전문가 또는 극단적인 미니멀리스트가 아니다. 그저 20년간 금융업에 몸담고 있으면서 많은 사람들이 미니멀 라이프를 추구하는 이면에 부(富)가 밀접하게 관련되어 있다는 것을 깨달았다.

이에 이 책을 통해 많은 사람들이 추구하고 있는 부와 금융의 관점에서 미니멀 라이프를 재조명했고, 나아가 미니멀 라이프를 통해 일이나 금융적 측면에서 최적화된 성과를 낼 수 있도록 했다.

만약 당신이 시간적, 경제적, 공간적 자유를 누리고 싶다면 반드시 한 번은 거쳐야 할 관문은 금융기술이나 재테크 노하우 등이 아니라, 바로 미니멀 라이프 최적화라 할 수 있다. 그래야 초석이 튼튼해진다. 초석이 튼튼하지 않다면 아무리 부자라 하더라도 도미노처럼 연쇄적으로 무너지게 될 수 있다. 그래서 이 책의 의미가 크다.

또한 이 책은 외형적인 미니멀리즘을 넘어, 실속 있고 효율적인 미니멀 라이프를 다룬다. 단순히 공간을 비우는 데 그치지 않고, 내면의 가치와 좋은 흐름이 선순환되는 구조를 제시한다. 기존의 수많은 미니멀리스트 서적이 다루지 않은 풍수의 원리를 접목해, 숨겨진 효율성의 실체를 세계 최초로 공개했다. 사실 미니멀리즘은 조선 시대를 거치며 우리의 생활문화 속에서도 진화해왔다.

이 책은 모든 생활의 기본이라고 할 수 있는 미니멀 라이프를 통해 시간이 지날수록 실제로 부자가 될 수 있는 방법을 소개한다. 특히 다운사이징 기반의 부동산 운용과 배당을 통한 부의 축적을 국내 최초로 체계화했다. 단순한 개념서가 아니라 실전에서 응용 가능한 지침서로, 먼 미래의 부를 향한 든든한 초석이 되기를 바란다.

- 황재수

차례

프롤로그 • 4

첫 번째 — 공간과 시간의 주인이 되는 미니멀 라이프

시간적·공간적·경제적 자유로 가는 지름길 • 14
미니멀리스트는 유한한 시간을 어떻게 활용하는가? • 17
인간에게는 얼만큼의 물건이 필요할까? • 21
비우거나 버리려는 자와 채우거나 주워오는 자 • 24
물건에 대한 명백한 기준 • 27
물건이 주는 피해는 공간만이 아니다 • 29
흉(凶)을 부르는 중복되는 물건 • 31
혐오하는 사람의 물건을 무조건 버려야 하는 이유 • 33
미니멀 게임의 매직패스 • 36
저녁마다 쓰레기를 버리는 습관이 생긴 이유 • 40
한 달 뒤에 죽는다고 생각하고 비운다 • 43
지나간 자료는 모두 버린다 • 44
비로소 생기는 여유는 일확천금 • 46
식복(食福) 향상을 위해 반드시 거쳐야 할 관문 • 49
결코 만만치 않은 미니멀리스트 연습생 기간 • 53
생각과 관점의 차이가 만드는 입장 차이 • 55
확률적으로 찝찝한 중고 거래 마켓 • 58
하는 일마다 술술 잘 풀릴 수밖에 없는 느낌 • 60

두 번째 — 라이프 최적화를 위한 준(準) 자동화 시스템

좋은 물건을 쓰는 습관 • 64
커피숍은 커피 전문점, 집은 편안한 휴양·휴식 전문점 • 67
5성급 호텔보다 훨씬 좋은 우리 집 침실 • 70
미니멀리스트를 위한 세기(世紀)의 발명품 • 72
완전한 키친 자동화 • 74
미니멀 키친을 완성해주는 가공 식재료 • 82
공기청정기보다 더 중요한 것 • 86
삶을 최적화시켜주는 우리 집 비서들 • 88
갈증을 해소하는 창의적 미니멀리즘 • 91
연 6만 원으로 세제 보충 자동화 • 95
현존하는 지구 최고의 물 • 98
결코 저렴하지 않은 수선 비용 • 105
구매 욕구 갈증의 원천적 차단 • 107
고정지출 비용이 없는 바퀴벌레 박멸시스템 • 109
하드디스크에도 필요한 미니멀리즘 • 112
중고제품이 가격적으로 유리한 것만은 아니다 • 113

세 번째 — 내 인생의 레벨 업

물건을 비우면 돈이 들어오는 이유 • 118
부자(富者)행 막차에 올라타는 간단한 방법 • 120
집에 공간이 부족한 것이 아니라 물건이 많은 것이다 • 126
죽을 각오가 아니면 하면 안 되는 자영업 • 128
고도의 압축과 정리에서 파생되는 힘과 속도 • 130
사람은 두 가지 일을 동시에 하기 힘들다 • 133
운과 돈이 따라오는 수집 • 136
인간은 제품 성능의 60%조차도 제대로 활용하지 못한다 • 138
결국 마지막에 남는 단 하나 • 140
분명 가격이 있지만, 가격표가 달리지 않은 것 • 142
비울 것은 물건만이 아니다 • 144
정신병을 완전히 극복하는 비법 • 148
남들은 나에게 아무런 관심이 없다 • 152
확실히 금연(禁煙) 할 수 있는 방법론 • 155
미니멀리스트가 아니더라도 꼭 해야 할 일 • 160
잡스와 저커버그가 줄인 선택 에너지와 결정 피로 • 162
형편없는 물건은 주는 것이 아니다 • 165
진시황이 찾던 불로초는 바로 이것 • 167
용돈을 주는 효과 3배 높이는 방법 • 172
새 물건이 주는 이로움 • 175
자존감과 본연의 가치를 높이다 • 177

네 번째 — 부(富)를 부르는 미니멀 풍수(風水)

미니멀리스트가 알아야 할 방위의 비밀 • 180
음양오행(陰陽五行)은 어떻게 작용하는가? • 184
남쪽과 남서쪽은 완전히 다른 방위 • 188
남서쪽과 북동쪽을 유념해야 하는 이유 • 191
부(富)를 부르는 풍수 자리 배치 • 196
집이나 사업장의 출입문이 귀문방(鬼門方)? • 202
재물운을 부르는 집안 분위기 • 205
무엇보다 집을 잘 골라야 하는 이유 • 208
흥망성쇠의 운명이 좌우되는 실전 풍수 자리 배치 • 210

다섯 번째 — 아파트 다운사이징 (Downsizing)

현재의 가치를 최적화시키는 미니멀리스트 • 214
저장된 물건의 개수를 줄이고 자산의 크기를 늘려라 • 218
절대 사면 안 되는 새 물건 • 220
물건을 소유하지 말고 집과 50년을 걱정해라 • 222
미래의 대한민국 부동산 시장 • 226
몇 평이면 부족하지 않겠는가? • 231
집의 크기가 커지는 다운사이징 • 235
똑같은 100만 원도 천지(天地) 차이 • 240

실전 다운사이징 사례 분류 • 244
노후화된 아파트에서 계속 살 수 있을까? • 253
상승기에 매도 후 대출을 갚아야 하는 이유 • 256
13억 원 아파트의 시간당 사용 비용은 1만 원 • 264
1층 소형 아파트의 재발견 • 270
미니멀 라이프와 다운사이징 그리고 곧 이어질… • 277
평범한 한국인이 현실적으로 가장 빠르게 파이어하는 방법 • 279

여섯 번째 배당(配當) 건물주 되기

우리가 사는 대한민국은 지구의 보물섬 • 284
미니멀 라이프는 부자가 되기 위한 준비 단계 • 287
투자에서 매우 중요한 5요소 중의 하나 • 291
자본주의의 꽃! 배당(配當) 계좌 세팅하기 • 293

부록 진짜 미니멀리스트의 풍수 배치 파악을 위한 그림 • 296

첫 번째

....

공간과 시간의 주인이 되는 미니멀 라이프

미니멀 라이프의 비밀

시간적·공간적·경제적
자유로 가는 지름길

재물은 물과 같이 잘 순환해야 한다. 물도 순환하지 못하고 고여 있으면 썩게 된다. 물과 같이 돈은 순환해 돌고 돈다고 해 Money를 대한민국에서는 한국말로 돈이라고 한다. 실제로 돈은 음의 영역에서 축적되고, 양의 영역에서 유통되어 돌고 돌아 다시 나 자신에게 돌아온다.

우리가 사용하고 있는 공간도 물건이 비어 있어야 공간의 기운과 흐름이 잘 돌게 되어 내실이 풍요로워진다. 쓸모없는 물건이나 잡동사니들을 비우면 더 이상 그 물건을 향한 에너지와 시간도 낭비할 필요가 없다. 마치 스티브 잡스(Steve Jobs)의 독특한 경영 방식처럼, 집에서 휴식을 취하는 공간은 굉장히 심플해질 필요도 있음을 알게 될 것이다.

공간적 자유는 곧, 시간적 자유를 누릴 수 있도록 도와준다. 시간적 자유는 결국 경제적 자유와 같은 여유를 누릴 수 있도록 기회와 영감을 준다. 공간적 자유를 누릴 수 있도록 물건들을 비우고, 몸집을 가볍게 한다면, 고도의 집중력이 발휘되고, 쓸데없는 곳에 에너지 낭비를 할 일이 줄어든다. 그럼 좀 더 가치가 있는 일에 집중해서 시간을 쓸 수 있게 된다.

물건을 비우지 않고 들이기만 하면 시간이 갈수록 물건은 쌓이기 마련이다. 결국 쓸모없거나 사용하지 않는 물건으로 인해 많은 시간과 에너지를 빼앗기게 될 것을 마치 예약해놓은 것과 같다. 무섭지 않은가?

가만히 들여다보면 우리는 살아가면서 자연스럽게 어떤 물건들을 매일 집으로 들이고 있다. 수많은 물건이 나도 모르게 조금씩 쌓여간다. 그러나 우리는 습관이라는 관성에 의해 자연스럽게 이 사실을 잊어버린다. 최소한 물건들이 더 늘어나지 않게 하려면 꼭 필요한 것이 아니라면 일단 소비를 멈추고, 새로운 물건을 들이지 말아야 한다.

미니멀 라이프가 밑바탕이 된 후에야 시간적·공간적, 그리고 더 나아가서는 경제적 자유의 지름길로 어떻게 갈 수 있는지 체감할 수 있을 것이다. 필자는 단순히 미니멀을 넘어 미니멀이 궁극적으로는 부(富)와 재물, 나아가 인생에 어떤 영향을 미치는지 금융전문가의 시각에서 재조명해 경제적인 관점으로 설명하고자 한다.

사실 미니멀 라이프를 실행하고 있는 많은 사람들의 가슴 속 깊이 노골적으로 자리 잡은 바람은 경제적 자유일 것이다. 그렇기에 이 부분이 미니멀 라이프를 다룬 다른 수많은 책들과의 가장 큰 차이점이 아닐까 싶다.

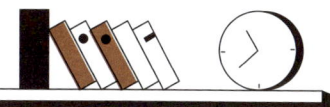

미니멀리스트는 유한한 시간을 어떻게 활용하는가?

일반적으로 인간이 사용하는 유한한 시간인, 하루 24시간을 3등분으로 나누어보면, 매일 하루 8시간은 꼭 잠을 자야 하고, 하루의 8시간은 일해야 하고, 나머지 8시간은 여가(餘暇)로 보내기 마련일 것이다. 이렇게 나누고 보니 여유의 틈도 없이 하루가 금방 지나가 버릴 것 같은 느낌이 든다. 실제로도 그렇다.

여가 시간을 보내는 방식은 개인차가 있겠지만 보편적으로 매일 하루의 1시간은 씻어야 하고, 하루의 2시간은 먹고 싸야 하며, 1시간은 이동해야 하고, 1시간은 운동하면 좋고, 1시간은 놀아야 하며, 1시간은 독서하거나 공부하면 이상적이고, 1시간은 가족과 함께 저녁이 있는 삶을 보내기도 부족하기에 다른 어떤 것들을 할 시간이 턱없이 부족하다는 것을 실감할 수 있을 것이다.

그날그날의 시간을 효율적이고 인간 중심적으로 가치 있게 활용한다 해도 다른 것들을 할 시간이 부족하다. 만약 아이가 어리다면 이러한 여가 시간을 보내는 것은 더욱 어려운 일이 되어버린다. 그래서 매일매일 반복되는 하루 24시간 중에 틈새 시간을 활용하지 못하면 생각보다 금세 하루가 흘러가 버린다.

휴양·휴식 전문점인 집은 나 자신의 여가와 휴식에 최적화되어 있어야 한다. 그러기 위해서는 물건의 방해를 받지 않아야 숨 쉴 틈도 생기고, 인간 중심적인 가치 있는 시간을 보낼 수 있다.

인간의 소중한 가치를 최우선으로 생각하는 미니멀리스트에게 현재의 시간은 매우 유한하고 소중하기에 있는 그대로의 만족과 행복을 만끽한다. 물건을 소유하기보다는 활용하고, 시간에 쫓기기보다는 가치 있게 사용하거나 심지어 돈으로 시간을 살 수도 있다. 그리고 물건의 노예가 되면 안 된다는 것을 제대로 이해하고 있다. 미래에는 물건뿐만 아니라, 시스템의 주인이 되어야 한다.

평일 하루의 여가 시간에는 생각보다 많은 물건이 필요하지 않다. 그리고 매일 반복되는 하루의 시간은 생각보다 크게 부족하다. 하루에 두세 번 양치질하는 것도 매일 꼬박꼬박 일정한 시간을 빼앗아간다. 우리는 규칙적인 하루에 쓸데없는 물건들을 위한 루틴을 끼워 넣기 어렵다. 정신없이 바쁘고 알차게 시간을 보내면 물건들을 잘 사용하지도 않게 된다. 그렇기에 휴양·휴식 전문점인 집에서는 물건을 제대로 비우고 나면 새로운 감회를 느낄 수 있다.

매일, 매월, 매년, 수십 년 동안 계속해서 새로운 물건을 저장하고, 그렇게 물건이 쌓이고, 압축되고, 필요할 때 물건을 찾고, 정리하고, 버려야 하는 과정을 미니멀리스트는 굉장히 잘 이해하고 있다. 그래서 굳이 물건을 저장하지 않고 현재의 본연의 가치를 느끼는 데만 최선을 다한다.

준비된 미니멀리스트는 최소한의 가벼운 몸집으로 언제든지 떠날 준비가 되어 있다. 쓸데없는 일을 만들지 않고, 지금 해야 할 일들을 미루지 않는 성향이 강하다. 미루면 쌓이기 때문이다. 필자도 어느 순간부터는 미루지 않고 바로바로 처리하려는 습관이 자리 잡기 시작했다.

여유를 즐기되 잡일을 만들지 않거나 의미 없는 부탁을 들어주지 않는 이유는 잡일이나 부탁에 큰 시간이나 에너지가 소모되어서가 절대 아니다. 잡일로 인해 정작 정말 중요한 일이 갑자기 밀어닥쳤을 때 해결할 수 있는 에너지나 기회를 눈앞에서 코 베어가듯이 놓칠 수 있기 때문이다.

그래서 쓸데없는 잡일을 만들지 않는다. 크게 중요하지 않은 일이라면 받아오지도 말고 모두 내 머릿속에서 지워버리도록 하자. 아무 의미 없는 데이터일 뿐이다. 사소한 일에는 목숨을 걸지 말고 지금 당장 하지 않아도 될 일이나 쓸데없는 일은 잠정적으로 연기하면 된다. 이 말을 지금 바로 해야 할 일을 미루라는 의미로 이해하면 안 된다. 중요한 일과 아닌 일을 구분하라는 의미다.

사람은 두 가지 일을 동시에 하기 힘들다. 정말 중요한 일과 쓸데없는 잡일 중에 당신은 어떤 일을 선택할 것인가?

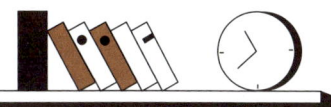

인간에게는 얼마만큼의 물건이 필요할까?

톨스토이(Leo Tolstoy)의 단편소설 모음집에서는 "사람에게는 얼마만큼의 땅이 필요한가?"라는 심오한 질문을 던진다. 여러 이야기가 전개되다가 마지막에 가서야 의미심장한 결론을 남기며 소박하게 끝맺는다. 종국에 농부가 차지할 수 있었던 땅의 크기는 수천, 수만 평이 아닌, 그가 묻힌 2m 남짓, 약 1평 정도에 해당되는 아주 작은 크기의 땅이었기 때문이다.

서울이나 수도권 도심 속에 사는 신혼부부나 자녀 독립을 앞둔 부부에게는 현실적으로 최소 몇 평의 면적이 필요한지 한번 질문을 던져본다. 만약 미니멀 라이프를 실천해 짐들이 정리되고 간소화된다면, 개인차는 있겠지만, 2인 부부 기준으로 주거 전용면적 12~15평 정도면 충분히, 어쩌면 부족하지 않다고 느낄 수도 있을 것이다.

은퇴 예정자의 경우에도 꼭 농촌이나 시골로 가지 않아도 된다. 병원과 멀지 않은 소형 아파트에서 웰빙과 미니멀 라이프를 누리며 100세 이상 살아갈 수 있다. 값비싼 실버타운이나 감옥 같은 요양시설에 굳이 의존할 필요는 없다. 단, 자신에게 맞는 미니멀 라이프를 최적화하기 위한 준비와 연습이 필요하다. 그래서 현재 멀쩡하다면 지금부터라도 반드시 운동을 시작해야 한다.

그렇다면 과연 사람에게는 얼마만큼의 물건이 필요할까? 맛있게 식사를 할 수 있게 해주는 수저 한 세트와 그릇과 접시, 그리고 물을 마실 수 있는 유리컵, 하루의 피로를 풀 수 있도록 샤워하는 데 필요한 샴푸와 바디워시, 칫솔과 치약, 여가 시간에 편하게 활동할 수 있도록 해주는 반바지와 티셔츠, 근무할 때 입을 멋진 옷, 내일을 위해 깊은 숙면을 도와주는 깨끗하고 편안한 침구류 등의 정도가 먼저 떠오를 것이다.

막상 반복되는 생활에서 최우선으로 중요한 물건들을 뽑아보면 생각보다 그렇게 많지 않음을 알 수 있다. 전쟁 나서 어디 피신해 있다고 가정했을 때, 가장 먼저 필요하다고 생각되는 물건들이 생존 최우선적인 물건들이다.

반복되는 하루의 시간을 가치 있게 사용하다 보면 아무 의미 없이 보관하던 쓸데없는 물건들을 사용하거나 활용할 수가 없다. 그렇게 계속 물건은 쌓이고 사용도 못 하게 된다. 그리고 우리는 이 사실조차도 잊어버린다. 심지어 정리되지 않은 물건들 때문에 외출이나 여행조차 어렵게 되는 경우도 있다. 그러나 이 과정을 겪고 난 미니멀리스트는 많은 물건들이 실제로 다 쓰이지도 못하고, 오히려 짐이자 방해물로 작용한다는 것을 알고 있다.

비우거나 버리려는 자와
채우거나 주워오는 자

10여 년 전부터 점차 미니멀 라이프가 유행하기 시작하면서, 실용적인 미니멀리스트들이 많아졌다. 점점 더 많은 사람들이 실리를 추구하게 되었고, 필자 역시 늦게나마 미니멀리스트의 생각에 깊이 공감하게 되었다.

물론 하루아침에 모든 것을 비워내면 가장 좋겠지만, 현실은 그리 간단하지 않다. 물건을 정리하고, 버리고, 나누는 일은 마음처럼 쉽게 되지 않고, 꽤 오랜 시간이 걸리기 마련이다. 이는 불편하지만 엄연한 현실이다. 그래도 만약 미니멀 라이프를 본격적으로 실천해야겠다는 마음을 먹었다면, 마음이야 좀 아프겠지만, 비록 강압적일지라도 하루 만에 모두 정리해버리는 편이, 몇 달에서 길게는 1년까지 걸릴 시간을 단축해줄지도 모른다.

버리는 일은 미니멀 라이프의 첫걸음이다. 그리고 실천해보면 여간 어려운 일이 아니라는 것을 절실히 깨달을 수 있다. 물건을 나누거나 중고로 판매한다고 해서 큰돈이 되는 것도 아니고, 의외로 어마어마한 시간과 에너지가 소모된다. 결국, 버리는 데도 적지 않은 비용이 든다는 사실을 반드시 알아야 한다.

비우기와 채우기의 관점에서 우리나라에 미니멀리즘을 시작하는 사람들이 꾸준히 늘고 있다. 그러나 동시에 여전히 채우기에 익숙한 맥시멀리스트들도 많다. 그래서 요즘 유행하는 중고거래 마켓에는, 비우려는 자와 채우려는 자가 팽팽히 맞서며 음과 양으로 조화되어 아주 활발하게 거래되고 있다. 어쩌면 이는 다행스러운 일인지도 모른다.

미니멀리스트가 부각되면서 그들로 인해 중고 마켓에 공급량이 크게 늘어날 수 있었다. 일종의 무료 나눔 공급자이기 때문이다. 중고 마켓 스타트업의 성공에는 여러 중요한 요소들이 많겠지만, 미니멀리스트의 등장 역시 중요한 요소가 될 것이다.

물건을 나누는 사람들 사이에서는 내 손안의 물건을 없애기 위해 마치 '물건 폭탄'을 돌리는 듯한 장면이 연출되기도 한다. 미니멀리스트의 활동이 왕성한 곳에는 언제나 맥시멀리스트가 따라오기 마련이다. 맥시멀리스트의 눈에는 미니멀리스트가 비워내는 물건이 기가 막히게 포착된다. 결국 비우는 자는 계속 비우려 하고, 채우는 자는 계속 채우려 한다. 채운 자가 후회하며 다시 비우기도 하고, 비운 자가 허전해져 다시 채우기도 한다.

비우는 자들은 비우기 때문에 계속 순환되어 새로운 물건이나 기운이 들어간다. 그런데 채우는 자들은 계속해서 채우기 때문에 이미 꽉 채워져 있어 새로운 운이나 금전이 들어가기 어려워진다. 게다가 물리적인 복잡함으로 결국에는 여러 가지가 꼬이거나 효율마저 떨어지게 된다. 우리의 뇌가 받아들일 수 있는 물리적인 공간은 한계가 있다.

비우는 자는 이미 정리가 되어 있어 정리 시간도 단축된다. 반면 채우는 자의 주변은 빼곡 빼곡 복잡하게 자리 잡고 있어, 정리하는데 사용될 미래의 시간조차도 촘촘하게 예약되어 있다. 도무지 이 짧은 하루 24시간(8+8+8시간)에 들어갈 틈이 없다. 그래서 필자는 미래에 정리할 일들을 가급적 아예 만들지 않기로 했다. 지키지 못할 약속은 애초에 하지 않게 되었다. 필자는 이러한 패턴으로 변화되면서 다른 모든 것들도 조금씩 변화하기 시작했다.

물건에 대한 명백한 기준

사용하지 않는 물건을 버리는 일에는 생각보다 큰 고통이 따르거나, 설명하기 어려운 기묘한 에너지가 소모된다. 평생 습관처럼 물건에 대한 소유욕을 지녀온 사람들에게 이는 더욱 큰 고민거리가 되고, 신개념의 고통이 따른다. 하지만 미니멀 라이프는 유행이나 강압은 아니지만, 머릿속에서 한 번만 제대로 이해하게 되면 분명 그 본연의 매력에 흠뻑 빠지게 될 것이다.

깨지거나 금이 가고, 부서진 물건들은 외형적으로도, 풍수적으로도 좋지 못한 기운을 준다. 또한, 시각적으로도 불안정하고 기묘한 위화감을 준다.

물건이 가진 본래 기능이 손상된 것은 물론, 흠집 난 물건을 바라보는 그 순간, 보는 이의 마음에 나쁜 영향을 끼친다. 필자 역시 '고장 난 물건은 과감히 버린다'라는 기준을 세우고 나서야 비로소 마음 놓고 버릴 수 있었다. 그전에는 언젠가 필요할 것을 대비해 구석구석 쑤셔 넣고, 감추고, 차곡차곡 쌓아두었다. 그러고는 곧 잊어버리곤 했다.

파손이나 손상된 것처럼 명확한 기준이 없다면 버리기 어렵고, 결국 사용하지도 않을 물건이 집안 어딘가에서 또 공간을 차지한다. 여유와 여백이 없으니 늘 복잡할 수밖에 없다. 결국 공간 자체도 비용이 되는 자본주의 사회에서, 공간을 차지하는 것은 곧 돈을 낭비하는 일이 된다.

사용하지 않는 물건, 찾는 데 시간을 허비하는 물건, 어디 깊숙이 쌓아둔 물건, 나중에 쓸까 말까 망설이다가 결국에는 버려지는 물건…. 이것이 바로 좀비처럼 쌓여가는 물건들의 미래가 아닌가. 이 긴 시간 동안 에너지와 시간과 공간, 그리고 돈이 계속 낭비되고, 결국에는 나 자신을 방해하게 된다.

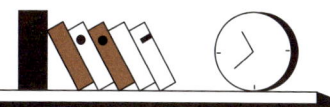

물건이 주는 피해는 공간만이 아니다

과거에는 공간을 최대한 활용해 물건을 압축해두면, 필요할 때마다 제자리에 있는 물건을 꺼내 쓰며 생활이나 업무 효율을 높일 수 있을 거라 생각했다. 그러나 지나치게 압축하고 틈새의 공간을 활용해 물건을 끼워 넣다 보니, 오히려 사용할 수 없게 된다. 물건은 사용할 수 있게 제자리에 배치되어 있어야 한다. 시간이 지난 후에 생각해보면 무엇을 어디에 두었는지조차 기억나지 않는 일이 허다하다.

결국 잊을 만하면, 다시 이 어마어마하게 고용량으로 압축된 물건들을 다시 정리해야 하는 일이 반복해서 생기게 된다. 나 역시 대규모 정리를 한두 번이 아니라 수십 차례나 미련하게 반복해왔다. 계속해서 반복하다 보니 이것은 단순히 공간의 문제가 아니라는 것을 절실히 깨달을 수 있었다. 이미 미니멀 라이프를 몸소 실천하고 계신 분들은 머릿속 깊이 이해하고 있다. 하지만 그렇지 않은 분들은 알면서도 어리석고 미련한 행동을 계속해서 반복할 뿐이다.

사용하지 않는 물건을 처박아두는 아주 단순한 행위는 내 소중한 심리적·물리적 공간을 조금씩 잠식할 뿐만 아니라, 결국에는 나의 한 번뿐인 소중한 시간을 끊임없이 평생토록 갉아먹게 한다. 부자들이 가장 중요하게 생각하는 것은 바로 시간이다. 필요하면 큰돈을 내고 시간을 사기도 한다.

내 시간을 갉아먹는 동안 눈에 보이지 않는 다른 기회의 시간은 이미 박탈되었을지도 모른다. 이 쓸모도 없는 쓰레기 같은 물건들로 말미암아 명백하게 박탈된 것이다. 너무 안타깝고 씁쓸한 일이 아닐 수 없다. 낭비하는 시간이 아닌 나에게 가치 있는 투자를 하는 시간을 즐기는 데 익숙해지면, 시간이라는 것을 활용하는 데도 새로운 시야가 생긴다. 물건 대신 사람으로 채워지면서 새로운 가치가 부여된다.

흉(凶)을 부르는 중복되는 물건

사람들은 자주 쓰는 물건만 반복해서 쓰고, 쌓아둔 물건들은 시간이 흘러도 거의 사용하지 않는다는 사실을 몇 차례의 대규모 정리를 통해 깨닫게 된다. 그런데도 우리는 또다시 물건을 쌓아두곤 한다.

필자는 15년 동안 한 번씩 책상 서랍 정리를 하면서 계속 반복되는 행위를 한다는 것을 깨달았다. 예를 들면, 스테이플러가 약 10개 정도 서랍에 처박혀 있었는데, 그 종류도 참으로 다양했다. 오래되거나 녹이 슬어 있거나, 크기가 지나치게 크거나 작거나, 모양이 마음에 들지 않거나, 색상이 어색하거나, 기능이 잘 작동하지 않는 스테이플러는 15년이 지나는 동안에도 서랍 속에서 계속 늘어났고, 그 자리에 고스란히 쌓여왔다. 서랍을 열면 마치 스테이플러 수집가 같았다.

언젠가 비상용으로 쓰겠지 하며 모아두었지만, 결국 내가 실제로 사용하는 것은 단 하나, 최근에 구입한 튼튼하고 적당한 크기의 검은색 스테이플러였다. 성능도 좋고 손에도 딱 맞는 그것 하나면 충분했다. 똘똘한 물건 하나면 관리도 편하고, 효율도 높다.

매번 서랍 정리를 할 때마다 자리를 차지하고 있던 수많은 스테이플러로 인해 안 그래도 복잡한 내 머릿속은 더 복잡해지는 느낌이었다. 결국 사용하지도 않는 스테이플러로 인해 시간 낭비를 반복하고, 또 미래에도 시간 낭비를 하게 될 것이라는 것을 깨달았다. 그렇게 마침내 필자는 업무 효율이나 일의 효율을 최대한으로 높여줄 수 있는 한 가지의 물건을 제외하고는 모두 비울 수 있었다. 이제 더 이상은 스테이플러로 인해 시간 낭비를 할 일은 없다고 보아도 무방하다.

음양오행(陰陽五行)의 관점에서도 음과 양은 남녀처럼 짝을 이뤄 조화를 이룰 때 길하다. 반대로 음과 음, 양과 양처럼 같은 기운만 모이면 처음에는 좋아 보이다가도 결국 흉한 기운을 불러온다. 중복된 물건 역시 마찬가지다. 쓸데없이 겹치는 것은 결국 나쁜 영향을 주고, 불필요한 부담이 된다. 그래서 과감히 버릴 수 있었다. 물건을 버리는 기준을 '중복'으로 삼는 것도 단호히 비우는 한 가지 방법이다.

혐오하는 사람의 물건을
무조건 버려야 하는 이유

이 세상의 모든 만물을 바라보는 관점은 우주의 중심이자 주인이라고 할 수 있는 나 자신으로부터 나온다. 즉, 현실적인 관점에서 물건에 혼이 들어가는 것이 아니라, 나의 의식이나 정신 또는 기억이 물건에 덧입혀져 좋고 나쁜 감정을 불러일으키는 것이다.

따라서 아무리 값비싼 물건이라 하더라도 과거의 불운한 사건과 엮여있어 나에게 불편한 기운을 주는 것이라면, 과감히 버리거나 중고로 판매하는 것이 낫다. 굳이 정신적인 낭비를 할 필요가 없기 때문이다.

과거에 필자의 회사에 금전적인 피해를 끼쳐 눈살을 찌푸리게 만드는 직원이 있었다. 시간이 지나서 무덤덤해졌지만, 그 당시에는 스트레스가 이만저만이 아니었다. 그런데 그 직원이 놓고 간 물건이 값이 나가는 물건이기에 버리지도 못하고, 무심코 장시간 그대로 사용했다. 결국 그 오랜 시간, 그 물건을 사용하는 동안에는 계속해서 그 직원의 크고 작은 기억들이 스치듯이 떠오르는 일이 많았다. 시간이 지나 과감하게 버리고 나서야, 왜 굳이 그 물건을 사용했을까 하는 후회가 막심했다. 이 역시 물건을 과감하게 버리지 못하는 사람들에게 흔하게 일어날 수 있는 일이다.

어떤 물건으로부터 좋지 못한 기억이 떠오른다는 것은 돈으로 환산할 수 없는 막대한 피해다. 좋지 못한 것은 빨리 잊고, 좋은 기억으로 채워야 한다. 그런데도 그 물건으로 인해 계속 찝찝한 잔상이 생긴다면 이는 매우 좋지 못한 현상이다. 사람으로 받은 상처는 새로운 사람으로 치유해야 하고, 사람으로 인한 기억은 그 사람의 물건을 버려 시야에서 사라져야 비로소 시간이 지나면서 잊히게 된다.

그래서 좋지 못한 기억이 있는 물건들은 아무리 비싼 물건이라도 과감하게 처분하거나 시야에서 없애버리는 것이 정신적으로도 매우 유익하다. 인간은 기억의 노예이고, 기억은 곧 가상의 현실을 만들기 때문이다. 창고에 넣어두어도 언젠가는 기억의 저장고에서 끄집어내야 한다면, 그것은 낭비이자 사치이니 차라리 버리는 것이 낫다.

헤어진 연인의 물건이나 싫어하는 사람과 연관된 물건은 과감히 버려야 한다. 기억의 실타래와 끄나풀이 물건을 타고 계속 이어지기 때문이다. 또한, 망한 가게나 집에서 나온 중고 물건 역시 함부로 들여와서는 안 된다. 진짜 부자들은 함부로 중고를 쓰지 않는다. 필자도 좋지 못한 일을 많이 겪고 나서야, 마치 소 잃고 외양간 고치듯 주워온 물건들을 모두 뒤돌아보지 않고 버릴 수 있었다. 이는 과연 우연일까? 풍수에서도 이는 결코 우연이 아니라고 말한다. 좋지 못한 추억이 깃든 물건이 내 표정을 찌푸리게 만드는 시간은, 크든 작든 결국 내 삶의 질에 영향을 끼친다.

미니멀 게임의
매직패스

요즘 선풍적인 트래픽이 모이는 캐롯마켓에서 중고 물건을 팔아보면, 생각보다 시간과 에너지, 그리고 이동이나 잡비용 등이 은근히 많이 발생한다는 것을 알 수 있다. 물론 여유가 될 때는 상대방을 위해 배려해 주는 것은 좋은 일이다. 하지만 본인의 시간이나 가치를 낮게 평가하거나, 시간 낭비에 대해 관대하거나 별생각이 없는 사람일수록 이런 낭비를 대수롭지 않게 여기곤 한다. 그러나 당신의 시간은 결코 낭비되어서는 안 된다.

우리나라에서 똑똑하다는 사람들조차 자영업 창업을 하면 회계상 숨어 있는 고질적인 문제에 허우적댄다. 대표적인 것이 바로 '사장 본인의 저평가된 급여'다. 예컨대 한 달 모든 비용을 공제하고 300만 원이 남았다고 해서 300만 원을 번 것이 아니다. 한 달 내내 무리한 초과 근무를 하고도 본인 급여가 300만 원이라면, 실제 순이익은 0원이거나 심지어 마이너스다. 가게에 투자한 목돈은 회수하기 어렵고, 투자 비용은 시간이 갈수록 감가(減價)된다.

유명 프랜차이즈에 8억 원을 투자해 모든 비용을 공제하고 월 몇백만 원이 남는다고 가정해보자. 왜 힘들게 모은 8억 원을 투자하고도 하루도 쉬지 못한 채 한 달 내내 일하면서 퇴직금도 없이 몇백만 원만 가져가야 하는가? 8억 원에 대해서는 이자나 배당 한 푼도 못 받는다는 생각은 들지 않는가? 8억 원을 내지 않고도 수많은 구인 란을 통해 점장직을 맡으면 월급에 퇴직금까지 받을 수 있는데 말이다. 게다가 8억 원은 고스란히 회수될 수 있는 돈도 아니다.

마찬가지로 중고 마켓에서 중고 물건을 팔고 받은 돈은 번 돈이 아니다. 최소한의 물건 판매 수고비 정도라고 하는 것이 맞을 것 같다. 덩치가 큰 물건들을 팔았다면, 대형폐기물 비용을 내는 대신에 소액의 물건 비용을 받는 정도라고 생각할 수도 있을 것이다.

한 번은 주말 오프라인 벼룩시장에서 50개 정도의 물건을 팔아치워 약 15만 원 정도의 현금이 들어온 적이 있었다. 그러나 물건을 싣다가 장애인주차구역 입구 차단으로 국민신문고로 민원신고가 접수되었고, 벼룩시장에서 입구를 찾다가 어린이보호구역에서 신호위반을 하게 되어 과태료가 부과되었다.

좋은 물건을 저렴한 가격으로 제공해 좋은 일을 했고, 좋은 경험을 했다고 생각한다. 하지만 그날 발생된 기름값과 커피 및 간식비, 그리고 저녁 식사비는 어디서 나오며, 꼭 노동비로 환산할 순 없지만, 한편으론 이날 굉장히 많이 고생한 우리 가족의 노동비는 어디서 보상받을 수 있을까? 결국 헐값에 물건을 다 팔고도 오히려 지출이 더 많았다. 물론 좋은 경험이었지만, 냉정히 말해 손해였다.

모든 것을 돈으로 환산하면 안 되겠지만, 따지고 보면 사실 지금 우리가 하고 있는 많은 중고거래는 종량제 쓰레기봉투에 버리는 것보다 시간이나 효율이 한참 떨어지는 것은 숨길 수 없는 사실이다. 현대에 들어와서는 대부분의 시간에 인건비라는 개념이 포함되어 있기 때문이다. 인건비는 계속 상승하기 때문에 인건비가 들어간 시간은 곧 돈을 의미한다. 즉, 시간은 돈으로 환산할 수 없이 매우 중요하다는 것이다.

필자도 미니멀 라이프를 작심하고 어설프게 실행에 옮기면서도 약 2년이 지나고 나서야 이 사실을 절실히 깨달을 수 있었다. 물건을 버리는 데 가장 큰 어려웠던 점은 말로만 들으면 아주 이해가 잘 가는데, 막상 내 물건을 과감하게 버리려고 하면 선뜻 손이 잘 안 가는 부분이었다. 남의 물건을 과감하게 버리고 청소해주는 일에는 화끈할지 몰라도 본인의 물건 앞에서는 망설이게 되고, 우유부단(優柔不斷)해진다.

물론 소정의 물품대금을 받고 중고로 판매할 수 있다면, 그것이 가장 이상적이다. 그럼에도 버리는 것이 돈으로 환산이 불가능한 시간을 절감해주기도 하고, 더 나아가서는 무분별한 소비에 신중하도록 해주고, 필요 없는 것들을 사지 않도록 해준다. 무분별한 소비에 불혹(不惑)하는 나 자신을 보고 놀라기도 한다.

2,470원짜리 75L 쓰레기 종량제봉투를 하나 사서 비워야 할 물건들을 과감하게 담는 것이 한편으로는 훨씬 저렴한데도, 이렇게 하기가 매우 힘이 든다. 하지만 그럼에도 종량제 봉투를 이용하면 한 달 걸릴 미니멀게임을 매직패스하는 것이 된다.

저녁마다 쓰레기를 버리는 습관이 생긴 이유

과학적으로도 점점 충분히 입증되고 있는 풍수지리에서, 산 사람의 집터인 양택(陽宅)에서는 귀신이 드나든다고 하는 귀문방(鬼門方), 즉 남서쪽과 북동쪽에는 더러운 쓰레기를 두지 말고 항상 청결하게 유지해야 한다고 한다. 또한 습기가 차서 축축하거나 난로·버너 등 화기가 있는 물건들도 두지 않도록 금하고 있다. 그뿐만 아니라 집이나 가게, 사무실에 들어서는 현관은 눈에 잘 띄는 얼굴에 비유할 수 있는 곳이므로 언제나 깨끗하게 유지해야 한다. 가능하다면 쓰레기통을 두지 않는 것이 좋으며, 현관 입구에 깨끗한 신발장과 근사한 화분을 배치하면 행운과 재운이 찾아온다.

거실 역시 여러 기운이 모이고 흘러가는 집안의 중심이자, 명예운이 따르는 공간이다. 따라서 이곳에도 가급적 쓰레기통을 두지 않는 것이 좋다. 베란다는 실내외를 연결하는 공간이므로, 식물을 놓아 한 차례 정화가 이뤄지도록 하고, 재물복을 담는 통인 쓰레기통은 두지 않도록 한다.

쓰레기통에 들어가는 쓰레기는 결국 정화되고, 재활용되고, 재가공되어 다시 인간의 삶으로 돌아온다. 그래서 역설적으로 쓰레기는 곧 재물복을 의미한다. 부자들이 쓰레기를 함부로 길바닥에 버리지 않는 이유도 여기에 있다. 쓰레기는 물과 같아, 한곳에 오래 고여 머물면 썩어버린다. 그러므로 쓰레기가 썩지 않도록 빨리 비워주는 것이 중요하다.

만약 쓰레기통에 각종 음식물 등의 쓰레기가 오래 머물러 있으면, 인간보다 약 125배 정도 발달된 후각을 지닌 겁을 상실한 바퀴벌레가 째스코(?)도 뚫고 이 쓰레기통으로 모여드니 비위가 상할 뿐만 아니라, 재물복은 경색(梗塞)된다. 재물복은 큰 쓰레기통에 오래 머물러 있지 않고 작은 쓰레기통에 들어가서 자주 순환되는 것이 좋다. 그래서 매일 저녁 운동 삼아 그날의 쓰레기를 바로바로 갖다 버리면, 허혈(虛血)성 재물복이 뻥 뚫리듯 흐르게 되는 것을 느낄 수 있을 것이다.

쓰레기통은 재물복이 잘 순환되도록 너무 크지 않아야 한다. 재물복이 새어나가지 않도록 야무진 뚜껑이 달려 있어야 하고, 요란한 소리가 나지 않아야 하며, 외관이 화려하거나 화사하며 둥근 모양이 좋다. 쓰레기통에 금이 가거나 깨져 있거나 낡았다면 바로 갖다 버리도록 한다.

쓰레기통은 눈에 잘 띄지 않는 곳이나 구석, 즉 화장실이나 주방의 오른쪽에 두자. 그리고 재물복이 빠르게 순환될 수 있도록 운동 삼아 바로바로 비워보도록 하자.

한 달 뒤에 죽는다고
생각하고 비운다

보기 싫은 물건, 낡은 물건, 홈이 패인 물건, 색이 바랜 물건, 제 기능을 못 하는 물건, 마음에 들지 않는 물건, 고장 나서 고칠 수 없는 물건, 이물질이 묻어 지워지지 않는 물건, 쓰지 않는 물건, 보면 기분이 나쁜 물건, 더러운 물건, 설레지 않는 물건, 재수가 없는 물건, 찢어진 물건, 깨진 물건, 짝이 맞지 않는 물건, 볼 때마다 스트레스를 주는 물건, 아무리 봐도 마음에 들지 않는 물건 등 내 삶에 도움이 되지 않는 잡다한 물건들은 한 달 뒤에 죽는 시한부 인생을 사는 사람처럼 간주하고 모두 갖다 버리고 비우도록 해보자.

버릴 수 있는 기준을 정해두면 훨씬 쉽게 비울 수 있다. 다 비워내고 나면, 마음이 한결 편안해지고 내가 진짜 원하던 시간을 내 삶 속에서 보낼 수 있을 것이다.

지나간 자료는
모두 버린다

사무실의 오래된 자료들을 정리하면서, 나는 경악을 금치 못했다. 무려 20년 전부터 쌓여온 각종 영수증, 과태료 서류, 납부고지서, 계약서, 공문, 안내문들이 압축된 채 산처럼 쌓여 있었고, 그것들을 파쇄해서 버리는 데만 꼬박 일주일 이상이 걸렸다. 생각해보니 경찰서나 검찰청에서도 3년이 지나면 자료보관실의 서류를 폐기한다. 국세청조차 5년이 지나면 모든 서류를 정리해 없앤다. 이제야 그 이유를 알 것 같았다.

그 후 정말 중요한 자료가 아니라면, 서류의 필요성을 확인한 후, 한 달 단위로 과감히 폐기하는 습관이 생겼다. 서류들을 무분별하게 쌓아두면 결국 언젠가 산더미처럼 불어나고, 찾는 데는 2~3배의 시간을 낭비할 수밖에 없다.

꼭 보관해야 하는 증빙 자료는 가능한 한 단순하게 압축하고, 장기 보관이 필요한 자료는 디지털화해서 보관한다. 그 외에 폐기해야 할 서류들은 과감하게 파쇄해 폐기한다. 현재 나는 약 한 달에 한 번 정도 여러 가지 물건을 정리하는 날을 정해, 장기적으로 쓸모없는 물건들은 습관적으로 미리미리 정리하는 습관을 들이니 밀리지 않아서 좋다.

그뿐만 아니라 어떤 문제가 발생하면, 바로바로 문제를 해결하는 데 집중할 수 있으니 문제해결 능력도 올라간다. 필요성을 확인하고 꼭 필요한 것들만 챙기고 나머지는 바로바로 버리니 쓸데없는 일거리도 쌓이지 않는다. 홀가분해서 새로운 일을 판단할 때도 합리적인 선택을 할 수 있게 된다.

비로소 생기는 여유는
일확천금

나를 억누르는 쓸데없는 물건들이 줄어들기 시작하면서 공간에도 조금의 여유와 하얀 여백이 생기기 시작했다. 여유와 여백이 있다는 것은 수용할 수 있는 공간과 시간에도 틈이 생겨났다는 뜻이다.

미니멀 게임을 통해 장시간 동안 수백 가지 이상의 물건을 버리고 비우다 보면 그 물건의 가치나 필요성에 대해 여러 가지 생각을 하게 된다. 고민 끝에 합리적인 이유를 찾아내고, 결국 비워내는 과정에 이르게 되는 것이다.

최소 1,000개 이상 비우기를 실천한 사람들이 공통으로 말하는 바가 있다. 비우고 난 이후로는 물건을 새로 살 때 여러 번 신중하게 생각하게 되고, 웬만해서는 물건을 잘 사지 않게 된다는 것이다. 그리고 그 순간순간, 삶의 가치를 즐기는 쪽으로 태도가 바뀐다. 나 역시 이에 깊이 공감한다. 무분별한 소비를 멈추지 못하는 사람이라면, 미니멀 게임을 꼭 경험해보길 바란다. 어느 순간 자연스럽게 소비에 대한 갈증이 사라지게 될 것이다.

저 멀리 있는 농촌의 자연이 아니라, 자본주의 사회에서 공간은 시간당 고가의 비용을 지불하며 사용하는 셈이다. 이 공간은 직간접적으로 자신에게 영향을 준다. 그래서 여유 공간이 있다고 해서 가치 없는 물건들을 무턱대고 들이지는 말자. 여유 공간은 우리에게 더 큰 에너지를 수용할 수 있는 활력을 충전해준다.

물건이 없으니 에너지를 낭비할 시간이 줄어든다. 매일 쓰는 식기류는 계속해서 식기세척기가 세척하고, 넓어진 공간은 로봇청소기가 정기적으로 바닥 청소를 해주니 나의 라이프 루틴에 선순환의 순풍이 일게 된다. 의미 없이 반복적인 일에 시스템과 루틴을 만들고, 그 시간에 의미 있는 일을 할 수 있다.

만약 뭔가 새로운 일이 생겨서 하기로 마음먹고 시작하면, 다른 일이 쌓여 있지 않기 때문에 금세 그 일에 고도의 집중력이 발휘할 수 있게 된다. 또한, 심해보다 더 깊이 몰입해 놀라운 속도로 일이 마무리된다. 그래서 좋은 일이 선순환된다. 왜냐하면 일의 핵심적인 성과는 바로, 집중력에서 나오기 때문이다.

요한 하리(Johann Hari)의 《도둑맞은 집중력(Stolen Focus)》에서도 여러 방면에서 집중력이 방해받고 있기 때문에 몰입이 힘든 환경이 조성되었다고 설명한다. 이 책은 집중력의 중요성에 대해 다시 한번 재조명하고 있다.

식복(食福) 향상을 위해
반드시 거쳐야 할 관문

매우 재미있는 사실인데, 냉장고라는 공간은 집에 비유할 수 있다. 냉장고에 식재료와 반찬이 꾸역꾸역 쌓여 있으면 먹지도 못할 뿐더러 신선하지도 않으며, 무엇이 있는지조차 제대로 파악하기 힘이 드는 경우가 많다. 먹는 것만 주로 먹고 몇 달이 지나도록 안 먹는 것도 많다.

집에서 주방에 대한 권한이 있다면 냉장고 털기는 꼭 한 번은 하고 넘어가 보자. 먹는 것은 씻고 자는 것만큼이나 중요하다. 일단 냉장고가 정리될 때까지는 꼭 필요한 것이 아니면, 더 이상 장을 보거나 음식류를 사 오지 말고, 있는 식재료를 먹어가면서 정리해보자. 재료가 떨어져도 있으면 있는 데로, 없으면 없는 데로 그 환경 그대로 최대한 활용해보면, 분명 요리 창의력이 생길 것이다.

냉장고 털기를 할 때는 장시간 동안 먹지 않던 냉동칸의 음식들도 하나씩 먹으면서 정리해야 하는데, 그러려면 새로운 신선한 먹거리들을 새로 사 오지 말아야 한다. 신선한 먹거리가 들어오는 순간 묵은 음식에 손을 대지 않기 때문이다. 그래서 냉장고 털기를 진행하는 동안은 아예 새로 사 오지 말아야 한다. 순환이 잘되려면 한 번 완전히 비운 뒤 다시 채우는 과정을 반복해야 한다. 물론 신선하기 때문에 금방금방 순환이 될 것이다. 순환이 빨리빨리 되어야 식복(食福)도 술술 들어오는 법이다.

냉장고 내부 공간의 약 70% 이상을 음식물로 가득 채우게 되면 냉기 순환이 잘되지 않아 더 많은 양의 전기를 사용하게 된다. 신용카드도, 냉장고도, 집도, 차 트렁크도 60~70% 이상을 채우지 말도록 하자. 어느 정도는 비워두어야 한다. 냉장고를 털 때는 신선한 식재료와 반찬들이 빨리빨리 순환할 수 있도록 한 번은 완전히 제대로 털어버려야 한다. 그럼 냉장고의 에너지 효율도 좋아지고, 전기도 절감된다.

다소 힘들 수 있지만, 냉장고 털기를 제대로 겪어야 식재료의 부재로 인한 갈증을 상상력과 창의력으로 해소할 수 있게 된다. 예를 들면, 쑥갓이 없으면 부추를 넣는다든지, 소금이 없으면 간장을 넣는 등의 대체 창의력이 생기는 것이다. 앞으로 어떤 음식을 사야 하고, 어떤 음식을 사면 안 되는지 본인만의 냉장고 음식 관리의 철학도 생긴다. 온라인상에 수많은 방법론이 있겠지만, 자기 자신만의 고유한 철학이 더 중요하다. 그렇지 않으면 먹지도 않는 음식들을 또 구매하게 되고, 계속 냉장고에 처박아둔 채 공간만 차지하고, 그로 인해 전기세는 더 많이 나오게 된다.

만약 아파트 월세나 전세 또는 담보대출 이자가 월 100만 원이라고 하자. 집에 온갖 물건들을 다 보관하면 힘들게 벌어온 돈의 일부가 이 물건을 모시는 데 사용되는 꼴이 된다. 냉장고도 마찬가지다. 먹지도 않는데 계속 처박아두면 누진(累進)세가 적용되어 계속 꾸역꾸역 전기세를 힘들게 내야 한다. 비싼 전기세를 내고 냉장고에 먹지도 않는 음식들을 보관해서는 안 된다.

음식을 비우면 비울수록 어디선가 새로운 음식이 계속 들어와 순환되고, 공간에 있는 물건을 비우면 결국에는 계좌에 돈이 들어오게 된다. 그래서 일단 비워야 식복이든 재물복이든 순환되어 들어오게 된다.

아파트에서도 관리비 순위 상위권에 있는 세대들은 거의 매번 상위권이다. 자세히 들여다보면 낭비되고 있는 전기가 많다는 것을 알 수 있다. 전기를 많이 써서 매달 평균 8만 원씩 관리비가 더 나오는 집은 10년에 1,000만 원, 40년에는 4,000만 원을 더 내는 셈이고, 오른 물가만큼의 현재 가치로는 대략 1억 원 정도를 더 내는 셈이 된다. 만약 이 돈을 아꼈다면, 금융 계좌의 크기가 늘어났어도 더 늘어났을 일이다. 그래서 습관이 무서운 법이고, 별거 아닌 것 같지만 아주 작은 습관이 부자를 만드는 데 크게 일조한다.

참고로 일반 가정에서 많이 사용하는 양문형 냉장고 중에서 사이즈가 약 68cm 정도인 냉장고는 옆모습이 뚱뚱하지도 않고, 용량도 600L 이상으로 적지 않을 뿐만 아니라, 공간도 비교적 적게 차지해 미니멀리스트의 공간 활용에 큰 영감을 준다. 공간을 조금이라도 넓게 활용할 수 있도록 해주기 때문에 이들에게 환영받는다.

대출을 없애고, 아파트의 평형대를 줄이는 다운사이징(Downsizing)은 복합적인 공간 창조예술이라고도 할 수 있다. 게다가 건강한 재정으로 만들어주어 시간이 흐를수록 삶의 질을 풍부하게 해준다.

결코 만만치 않은
미니멀리스트 연습생 기간

미니멀 라이프 덕분에 쾌적한 삶의 질, 업무 효율, 집중력 향상, 그리고 인생 가치의 제고를 체감할 수 있음에 감사한다.

하지만 큰마음을 먹었더라도, 머릿속으로 확실히 수긍되지 않는 물건이라면 버리기가 쉽지 않다. 그만큼 버린다는 것은 본질적으로 어려운 일이다. 애초에 쌓아두지 않는 것도 습관이고, 필요 없는 물건을 바로 버리는 것도 습관이다. 필자 역시 재활용장까지 물건을 가져갔다가 다시 들고 들어오는 경우가 생각보다 많았다. 그러나 기준을 다시 명확히 세우면서 점차 물건을 줄여갈 수 있었다.

도서《미니멀리스트》의 저자가 제안한 '미니멀 게임'은 매일 물건을 비우는 방식으로, 이미 수많은 사람들에게 실천되고 있다. 막상 해보면 새롭게 깨닫게 되는 부분이 있는데, 하루아침에 모든 것을 비우는 일이 결코 쉽지 않다는 사실이다.

미니멀 게임을 해보면 물욕이 자연스레 줄어들고, 억지로 절약하려고 애쓰지 않아도 소비 자체가 줄어드는 효과를 체감할 수 있다. 미니멀 게임은 단순히 물건의 개수를 줄이는 행위가 아니다. 그 안에는 삶을 바라보는 깊은 지혜가 숨어 있다. 그렇기에 미니멀 라이프를 꼭 실천해 성공적으로 마무리해볼 필요가 있다. 인생에 예상치 못한 변화를 가져올 수도 있기 때문이다.

심지어 종이 한 장, 각종 메모지까지 모두 버려보면, 말처럼 쉬운 일이 결코 아니라는 것을 생각이 아니라 몸이 먼저 증명해준다. 단순히 물건을 버리는 차원을 넘어, 물건을 하나씩 정리할 때마다 머릿속의 여러 생각도 차츰 정리된다는 사실을 깨닫게 된다. 결국 버려야만 새 물건을 쓸 수 있다.

그렇게 많이 버리고, 비우고, 나누고, 중고로 팔았는데도 여전히 가야 할 길은 첩첩산중이었다. 어느 정도 눈에 들어올 만큼 확 달라진 것을 보려면 생각보다 꽤 오랜 시간이 걸린다. 그래서 습관은 굉장히 중요하다.

생각과 관점의
차이가 만드는 입장 차이

오래전에 재활용 쓰레기를 버리러 갔다가 멀쩡한 검정색 소파가 버려진 것을 보고 군침을 흘리며 덥썩 주워온 적이 있었다. 당시 그 정도의 브랜드 소파를 사려면 200만 원 정도는 들 텐데, 공짜로 구했으니 돈이 들지 않았다는 것에 작은 성취감과 뿌듯함을 느꼈다. 그러나 시간이 흐르면서 점점 불편한 점들이 눈에 띄었고, 결국 대형 폐기물 스티커를 붙여 다시 내놓았다. 그런데 이번에는 내가 버린 그 소파를 누군가가 가져가 버렸다.

현재 필자의 관점은 180도 완전히 바뀌었다. 그 소파는 알지도 못하는 사람의 피부 분비물이나 각종 이물질과 수년간 맞닿아 있었을 것이고, 그 위에서 무슨 일이 벌어졌는지도 알 수 없다. 외부 노출로 인해 참깨보다 작은 미세 벌레가 스며들었을 수도 있다. 출처를 알 수 없는 전 주인의 기운이 가득 남아 있는 것도 문제다. 아주 낮은 확률일지라도, 그 주인이 병들었거나, 지저분했거나, 심지어는 이미 세상을 떠난 사람일 수도 있다.

단지 내에서도 은근히 초상을 치르고 나면 여러 가지 가구나 물건들이 재활용장에 많이 나오는데, 알 길이 없으니 함부로 주워오면 절대 안 된다. 물론 중고 마켓이나 벼룩시장도 마찬가지라 할 수 있다.

한편, 오래된 소파의 경우 각종 진드기나 좀, 미세한 벌레들이나 심한 경우 빈대나 바퀴벌레 등도 잠시 은거할 수 있다. 뜯어 보고 알게 된 사실인데, 꼭꼭 숨어 장기 서식하고 있는 경우도 있다. 이 벌레들은 아예 사람의 손이 닿지 못하는 곳에 꼭꼭 숨어들어 있다. 외관만 보고 판단 했다가는 큰코다친다. 꼭 비가 아니더라도 잠시 외부 습기나 물기가 내부로 흡수된 경우에도 금방 곰팡이가 생겨 각종 벌레와 세균의 집합소가 되어버린다.

소파는 곰팡이가 생기면 가죽 표면의 보이는 곰팡이는 락스나 다이소에 파는 곰팡이 제거제로 제거할 수 있지만, 내부의 천이나 솜, 라텍스, 스펀지, 목재 등으로 번진 경우, 완벽한 박멸이 힘들어 퀴퀴하고 미세한 냄새를 안고 가야 한다. 결국 그 곰팡이나 세균을 안에 둔 채로 소파에 앉고 눕고 자고 한다면 매우 비위생적일 수밖에 없다.

소파뿐만 아니라 침대도 마찬가지다. 까딱 잘못하면 그 속에 숨어 있던 각종 미세한 벌레들까지 집 안으로 같이 데려올 수도 있다. 물론 소파나 침대를 옮기는 데도 한바탕 고생해야 한다. 왜 더럽고 좋지 않은 물건을 운송비까지 내면서 무겁게 옮겨오는가?

차라리 10만 원대의 저렴한 새 소파를 구입해 집으로 배송받는 것이 낫지, 중고 소파를 들여오는 어리석은 짓은 하지 말았으면 한다. 물론 멀쩡해 보이는 중고 물건들도 있지만, 대부분은 청결 상태가 그렇게 좋지는 않다. 중고 마켓에서 찾아볼 수 있는 대부분의 나눔 소파는 사실 거의 쓰레기나 다름없는 수준이다. 위생이 나쁘면 몸의 컨디션과 에너지가 떨어지고, 더 나아가 건강에도 해로울 수밖에 없다. 즉, 집 안으로 들이는 물건은 매우 신중해야 하며 가급적 중고를 들이지 않도록 하자.

물론 일부 품목은 예외가 있을 수 있다. 그러나 대부분의 경우, 정말 좋은 물건이라면 왜 버려지거나 헐값에 나올까? 이런 관점으로 생각을 바꾼 뒤로는 더 이상 길에서 물건을 주워오지 않게 되었고, 중고 마켓에서도 특별히 필요한 경우가 아니면 중고 구매를 하지 않게 되었다.

확률적으로 찜찜한
중고 거래 마켓

물론 중고 물품의 수요와 공급에 따라 자연스럽게 시장이 형성되고, 활발히 거래되는 것 자체는 나쁜 일이 아니다. 오히려 긍정적인 현상이다. 국내 중고 거래 마켓은 최신 트렌드를 반영하며 막대한 트래픽을 창출하고, 광고·커뮤니티·사업적인 측면에서도 큰 시너지를 창출하고 있다.

그러나 중국 직거래 오픈마켓에서 구매한 상품들이 안전 검사나 검증도 없이 해외 직거래로 무분별하게 막 들어오듯이, 중고 거래 마켓에도 출처도 알 수 없는 기분 나쁜 물건들과 생기(生氣)가 없고 사기(死氣)가 충만한 물건들이 무분별하게 유입되고 있다. 미니멀리즘 관점에서도 굳이 찜찜하거나 위험한 물건들을 집 안으로 들일 필요는 없다.

다 그런 것은 아니지만, 여러분이 구매한 물건이나 옷을 사용하던 사람이 사고로 사망했거나 갑작스러운 질병으로 큰 장애를 앓게 되었다면, 여러분은 어떤 기분이 들겠는가? 그다지 유쾌하지만은 않을 것이다.

이와 같이 사망, 자살, 몰락, 이혼, 갑작스러운 사고 등 부정적인 영향을 받은 물건들도 생각보다 아주 많이 중고 시장으로 흘러나온다. 물건에는 사용하던 사람의 기운이 묻어난다. 아무리 내가 그 사정을 모른다 해도, 여간 찝찝한 일이 아닐 수 없다. 손님이 안 본다고 먹다 남은 음식을 재활용하는 일과 별반 다를 것이 없다. 다소 극단적으로 표현했지만, 실제로 부자들은 물건을 막 들이지도 않지만, 찝찝한 중고 물건을 함부로 사용하지도 않는다.

한편, 중고 시장에서 시간 낭비를 하는 경우가 많고, 결국 시간이 지나서 보면 대부분은 결국 새 물건을 산 만큼이나 기회비용이 나가는 경우가 많다. 가끔은 중고 물건을 접하는 과정에서 사기를 당하거나, 예상치 못한 추가 비용이 지출되기도 한다. 물건에 문제가 있는 경우도 있다.

중고 물건은 내가 원하는 최적의 물건도 아니다. 물건도 좋지 않은데 매도자의 입지가 오히려 더 우월하다. 이 과정에서 상당한 시간 낭비가 되며, 기분도 썩 산뜻하지 않다.

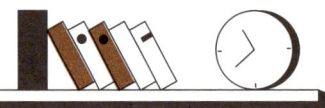

하는 일마다
술술 잘 풀릴 수밖에
없는 느낌

현관문을 열면 넓고 깨끗한 기운이 퍼지고, 문과 창문을 통해 순환하는 맑은 공기가 상쾌함을 선사한다. 남쪽 창문으로는 하루 종일 햇볕이 들어온다. 문이 열릴 때마다 울리는 종소리는 뇌를 맑게 해주는 주파수를 전달한다. 현관에서 거실까지 보이지 않게 흐르는 공기는 바람을 타고 좋은 기운을 불어넣고, 밝고 따뜻한 조명은 양기를 품어 집 안을 가득 채운다.

거실 안쪽의 적당한 크기의 소파는 편안히 앉고 싶은 마음을 자극한다. 불필요한 물건은 보이지 않고, 세련된 가구와 여백의 미가 조화를 이루며 고요한 균형을 만든다. 침실문을 열면, 오직 완벽한 숙면을 위해서만 존재하는 공간이라는 느낌이 든다. 대각선이나 안쪽 공간 한가운데에 놓인 침대에는 아주 청결하고 뽀송뽀송하며 푹신한 침구가 가지런히 놓여 있어 몸을 눕히는 순간 에너지를 완벽하게 충전하게끔 만들어 준다.

주방 냉장고를 열면 늘 신선한 식재료가 정갈히 채워져 있다. 반찬들은 빠르게 소모되어 순환이 원활하고, 덕분에 늘 신선해 식욕이 돋고 먹을 복이 항상 넘쳐난다. 식탁 위나 주변에도 잡동사니 하나 없으며, 식기세척기에서 방금 꺼낸 따뜻한 흰색의 사기그릇들과 투명한 유리컵은 마치 고급호텔에서 식사하는 것 같은 품격 있는 느낌마저 들게 만든다.

화장실에는 아주 작고 화려한 쓰레기통이 있다. 타일들도 예쁘고 야무지게 붙어 있어 안정감을 준다. 수압이 세서 샤워를 할 때는 절로 피로가 풀리고, 말끔하고 깨끗하다는 느낌이 절로 든다.

서재의 책상 위에는 아무것도 올려져 있지 않고, 군더더기 하나 없어, 오롯이 집중만을 위한 공간이 된다. 튼튼하고 안정적인 책상에 앉으면 자연스레 몰입할 수 있고, 책장에는 읽고 있는 책과 소품들이 여백을 사리며 조화를 이룬다. 집중이 잘돼 어제 빌려온 베스트셀러를 하루 만에 다 읽었고, 최근에 공부하던 자격증은 일주일 만에 진도를 다 끝내버렸기에 책도 치워버렸다.

드레스룸에는 늘 입는 옷들만 가지런히 걸려 있다. 몇 년간 손 한 번도 대지 않아 방치된 옷은 단 하나도 없다. 옷의 개수가 많지 않기에 항상 깨끗이 세탁해 순환되는 주기가 매우 짧다. 가방이나 주요 소품들은 아주 마음에 드는 것 한두 개씩만 있고, 보관만 하는 옷이나 장신구 등은 하나도 없다. 낡은 옷은 바로 버리며 새로 살 때는 저렴하지만 품질 좋은 옷이나, 비싸더라도 제대로 된 옷을 고른다.

미니멀리스트의 말끔한 집의 느낌을 간단히 묘사했다. 거실에서 휴식과 대화의 시간도 갖고, 식탁에서 먹는 식사는 밥맛도 아주 좋다. 서재에서는 집중이 잘돼 공부와 일이 술술 풀리고, 침실에서는 누웠다 하면 그야말로 꿀잠을 잘 수밖에 없다. 물건을 비운 공간은 모두 사람을 위해 최우선적으로 활용할 수 있도록 했다.

이런 집에서 어떻게 하는 일마다 막힘 없이 술술 잘 풀리지 않을 수 있겠는가? 아마 가족들 간에도 웃음꽃이 넘쳐날 듯하다. 이런 활력이 넘치는 집에서 살고 싶지 않은가?

두 번째

라이프 최적화를 위한 준(準) 자동화 시스템

무의미한 반복행위를 자동화하라!

좋은 물건을
쓰는 습관

과거를 돌아보면, 정상적인 물건이 여유분으로 충분히 있었음에도 불구하고, 새 물건을 사용하지 않고 다 떨어져 가는 물건을 끝까지 사용했다. 이러한 습관이 나의 간접적인 이미지를 몰락시키는 행위가 아니었을지 의문이 들었다.

아직 비닐도 뜯지 않은 새 상품들이 많이 쌓여 있고, 잘 사용하지도 않는다면 저장 강박증 초기 증세를 의심해야 한다. 자주 사용하는 물건이 여유분으로 있는 것과 여유분이 충분히 있음에도 불구하고 두고두고 사용하지 않는 것에는 큰 차이가 있다.

필자 역시 저장 강박증을 저 멀리 갖다 버린 이후에는 많은 행동과 생각의 변화가 일어났다. 간단한 예로, 티셔츠에 목이 늘어나서 보기 흉하면 바로 재활용 수거함에 넣어버린다. 여유분으로 가지고 있던 새 티셔츠의 비닐을 뜯어 평상시에 새 티셔츠를 입을 수 있도록, 컨디션이 좋은 물건들로만 활성화시키는 것이다. 심지어 혼자 있는 일상에서도 목이 늘어난 티셔츠를 입고 있으면, 내 스스로에게조차 침체된 이미지를 심어주게 된다.

항상 기능이 좋거나 멀쩡하고 정상적인 물건을 활용 가능한 활성화 상태로 만들어놓는 습관을 들이면, 물건의 빠른 순환이 일어난다. 물건의 빠른 순환은 재물복도 시원하게 순환됨을 의미한다.

어느 정도 미니멀한 라이프가 되기 전까지는 새 물건을 사는 것도 잠시 중지해보자. 줄이는 것만큼 계속 또 새로 사게 되면 도무지 줄어들지 않기 때문이다. 그래서 1,000개 버리기 게임인 미니멀 게임을 실천할 때는 가급적 꼭 필요한 물건이 아닌 이상, 물건을 새로 사는 것을 중지해야 좀 더 수월해진다.

미니멀 라이프를 준비하고 실천하는 것은 내 삶을 차로 비유하면 페라리 같은 슈퍼카처럼 특징과 콘셉트가 매우 명확하고 엔진의 성능을 고효율로 만드는 준비 과정이라고도 볼 수 있다. 이 관점에서 보면 번쩍 정신이 들지 않는가?

저장 강박증이 있는 사람은 효율이 떨어지는 엔진을 달고 온갖 잡동사니로 가득 찬 거대한 트럭을 몰고 다니는 것과 같다. 덩치만 크고 무겁기 때문에 속도도 안 나고, 에너지만 과하게 소모된다. 반면 관점을 전환하면 집과 삶을 마치 페라리로 바꿔놓은 듯, 불필요한 짐을 덜어내고 어마어마한 속도를 낼 수 있다.

한편, 부자들은 대부분 미니멀리스트다. 큰 부자들의 집에 방문했을 때의 감회를 공통점으로 뽑는다면, 뭘 사용하고 사나 싶을 정도로 생각보다 짐이 없는 경우가 많다. 하지만 핵심 가구인 침대나 소파나 테이블, 책상 등은 아주 좋은 물건으로 사용한다. 좋은 물건은 고급 브랜드를 떠나 아무것도 모르는 유치원생도 보고 좋다고 판단할 정도로 한눈에도 편하고 좋아 보이며 내구성도 우수해 안정감이 든다.

커피숍은 커피 전문점,
집은 편안한 휴양·휴식 전문점

스타벅스 리저브 매장의 주방을 자세히 들여다보면 커피를 만드는 작업 공간이 완벽하다 할 정도로 철저히 커피 제조에 최적화되어 있다는 것을 알 수 있다. 우수한 원두와 최적의 환경은 오직 커피에만 집중할 수 있도록 해주는 세계 최고의 커피 전문점이다.

마찬가지로 집은 밖에 나가 일하고 돌아와서 쉴 수 있도록 철저히 휴식에 최적화되어 있어야 하고, 새로운 활력을 제공하는 장소가 되어야 한다. 사실 사람들이 사는 집은 최고의 휴양·휴식 전문점이 된다면 더없이 좋을 것이다. 그래서 집에 많은 물건이 꼭 있어야 하는 것은 아니다. 오히려 물건이 많으면 제대로 쉬기 어렵다.

꼭 미니멀리스트가 아니더라도 집의 기능을 잘 활용해 좋은 영향을 얻은 부자들은 미니멀이 무엇인지도 잘 모르는 상태에서도 이미 미니멀 라이프를 실현하고 있었다. 이들에게 집은 곧 휴식·충전 전문점이었기에, 아늑하고 차분한 침실에는 암막 커튼과 뽀송뽀송한 침구, 고급스러운 나무 침대 프레임 위의 최고급 매트리스만 자리하고 있다. 침대는 되도록 벽과 30cm 떨어지게 해서 침실의 한가운데 놓고, 침대의 높이가 낮아 안정적인 느낌이 드는 것이 좋다. 단, 1층의 경우 침대의 높이가 조금 높아야 지기(地氣)를 제대로 받는다.

거실에는 안락한 소파와 TV밖에 없었으며, 냉장고에는 신선한 야채와 과일, 그리고 필요한 식재료들만 채워져 있었다. 집 안에는 어디다 짐을 놓고 왔는지 대체로 짐이 별로 없어 자연스럽게 휴양이나 휴식에 최적화되어 있었다. 마치 하와이의 호텔에 신혼여행을 온 것처럼 말이다.

한편, 미니멀리스트가 되면 쓰지 않는 물건을 저장·보관해주는 공간 서비스인 각종 셀프 스토리지(Storage) 서비스도 굳이 필요가 없어진다. 왜 굳이 상업적인 공간에다가 돈을 내고 물건을 저장해야 하는가? 아직 최상위급 미니멀리스트가 아닌 내 시각에서도 셀프 저장 공간 서비스에 보관되어 있는 물건들은 일부를 제외하고 약 80% 이상 비워야 할 방치된 물건으로 보였기에 매우 안타까웠다.

결국 물건을 보관하는 데 드는 비용이 고정지출로 잡아먹히는 셈으로, 비효율적이라 할 수 있다. 물건은 필요시에 바로 찾아 쓸 수 있어야 한다. 업무나 기타 예외가 있을 수 있지만, 물건을 돈 주고 보관한다는 것은, 결국 사람이 돈을 벌어 물건을 섬기는 꼴이 된다. 가격도 결코 저렴하지 않다.

물건은 나 자신에게 최적화되어 있는 상태로 내 주변에 있어야 편리하게 사용할 수 있다. 미니멀 라이프는 물건을 무조건 다 갖다 버리는 것이 아니라, 자주 쓰는 물건이나 자주 쓰지 않더라도 꼭 필요하고 소중한 물건을 가장 편리한 공간에 있도록 배치한다. 물건과 인간, 인간과 상업 서비스의 주와 객이 뒤바뀌면 안 된다. 나는 우주에서 가장 소중하고, 물건이 나를 위해 존재하기 때문이다. 물건의 양을 최적화해보자.

5성급 호텔보다 훨씬 좋은 우리 집 침실

책의 오래된 냄새, 어항의 물소리, 시계 초침, 침대 옆 거울, 잡다한 물건, 냄새나는 옷, 에어컨, 불편한 침대, 눅눅한 침구, 쾌적하지 못한 에어컨 등은 은근히 숙면을 방해한다. 우리나라에는 불면증 환자들이 무척 많다. 특별한 상황이 아니라면 침실에는 물건을 많이 두지 않는 것이 좋다. 크든 작든, 물건은 또 다른 생각을 불러일으킨다. 침실에는 오직 성능 좋은 침대와 기능이 좋은 침구류만 두어, 5성급 호텔보다 더 깊은 잠이 오는 공간으로 꾸며보자. 그렇게 하면 삶의 질이 점차 달라진다.

하루하루의 숙면은 평생의 건강을 좌우한다. 수면은 인간의 가장 중요한 습관 중 하나이기에, 편안한 침실 환경을 만드는 데 온 힘을 기울여야 한다. 불필요한 물건, 파손된 물건, 사용하지 않는 물건은 기준을 세위 조금씩 내보내자. 침실은 무엇보다 청결하고 쾌적한 공간으로 유지해야 한다.

잊어서는 안 되는 사실이 있다. 우리는 하루 24시간 중 약 8시간을 잠으로 보내며, 인생의 3분의 1에 해당하는 시간을 침실에서 지낸다. 인생으로 따지면 무려 30년에 달하는 긴 시간이다. 그래서 부자들은 오래 쓰는 물건은 최고급으로 사용하는 성향이 있다.

수면을 방해하는 물건은 과감히 치우고, 쾌적한 환경 속에서 최적의 잠을 누릴 수 있도록 하자. 생각만 해도 신이 나지 않는가? 최고의 에너지와 효율은 최고의 수면에서 비롯된다. 사람은 잠드는 동안 기운을 충전하고, 깨어 있는 동안 기운을 소모한다. 그러므로 침실은 조용해야 하고, 부엌에서 멀리 떨어져 있을수록 좋다.

미니멀 라이프는 단순히 심플하고 간결한 것이 아니라, 삶의 기능을 최적화하는 것이다. 오래된 침구류는 과감히 버리고, 최고급 호텔보다 더 좋은 침실로 꾸며보도록 하자. 저렴하면서 우수한 품질의 제품들이 많이 있다. 꼭 값비싼 침구류를 구매하라는 오해는 하지 않기를 바란다.

미니멀리스트를 위한
세기(世紀)의 발명품

요즘 로봇청소기를 보면 정말 똑똑하다. 매일매일 알아서 먼지를 제거해주고, 물걸레까지 해준다. 반만 년 역사 속에 이런 기가 막힌 자동 청소 시스템이 과연 언제 있었던가. 알면서도 매번 감탄이 절로 나온다. 그런데 이렇게 편리하게 나의 소중한 시간을 자유롭게 만들어주는 시대의 발명품, 최첨단 로봇청소기가 널려 있는 데도 사용하지 못하는 사람들이 있다. 공간이 좁고 물건과 집기들이 너무 많이 쌓여 있어 제대로 사용하지 못한다니, 이 얼마나 슬픈 일이며 과학기술에도 역행하는 일인가.

청소하는 데 아직도 많은 시간을 빼앗기고 있는가? 미니멀 라이프를 실천하는 집은 청소를 하지 않아도 집안이 늘 깔끔하다. 이로 인해 스트레스를 받을 일도 줄어든다. 단지, 로봇청소기로 부족한 5%를 간단히 보완하면 된다. 비우고 또 비워도 미니멀 라이프가 되지 않는 사람은 거북이처럼 한 발짝씩 나아가며 언젠가는 로봇청소기를 자유롭게 사용할 수 있는 집을 목표로 삼아도 신선한 자극이 될 것이다. 목표를 설정하고 스스로에게 동기부여나 자극을 주는 것은 굉장히 중요하다. 물론 요즘 로봇청소기는 성능이 좋아 집기와 물건이 많아도 사용할 수는 있다. 그럼에도 불구하고, 하나씩 비워내보자.

로봇청소기를 사용하기 위해 물건을 비우고 정리하는 과정 자체가 인생의 터닝포인트가 될 수 있다. 로봇청소기는 마치 미니멀 라이프를 대변하는 것 같은 느낌을 준다. 인간 중심으로 시간과 가치를 효율적으로 사용할 수 있게 하고, 삶의 질을 높여주는 끝판왕 중 하나가 아닐까 싶다. 미니멀 게임에 성공해 넓은 공간을 확보했다면, 불필요한 물건을 정리하거나 중고로 판매해서 모은 돈으로 국산 로봇청소기를 구매하는 것도 괜찮은 동기부여가 될 것이다(청소기 홍보가 아니다!).

다양한 전자제품 중에서 로봇청소기와 식기세척기는 돈으로 환산할 수 없는 유한한 시간을 더욱 가치 있게 보낼 수 있게 만들어준다. 반복되고 무의미한 일상을 자동으로 대신해주는 것이다. 이들은 집안일 자동화를 대표하는 비서라 할 수 있다. 청소 문화는 이제 로봇청소기를 쓰는 사람과 쓰지 않는 사람으로 나뉜다. 그 경계선에는 미니멀 라이프의 여부가 있다. 다만 국산이 아닌 일부 로봇청소기의 경우 카메라로 인한 사생활 노출 위험이 있을 수 있으니 주의가 필요하다.

완전한
키친 자동화

필자가 결혼하던 시절, 배우자의 주방 혼수로 신사임당이 그린 것보다 더 정교하게 식물과 곤충 그림이 새겨진 값비싼 도자기 세트를 준비했던 기억이 난다. 물론 이사를 몇 번 하면서 금이 가고 깨지고, A/S를 받고 재구매를 하다 보니 짝이 맞지 않아 새로 사는 과정을 겪었다. 이 세상 모든 물건이 소모품인지라 하나둘씩 문제가 생기고, 결국 시간이 지나면 거의 사라지게 된다.

그런데 요즘은 참 기가 막힌 노릇이다. 다이소에서도 품질이 우수하고, 고급스러우며, 유행도 타지 않고 발암물질도 나오지 않는 담백한 느낌의 얇은 금테가 둘린 호텔풍 화이트 접시와 그릇, 팔각 유리컵을 개당 1,000원에 살 수 있다. 약 2~3만 원이면 신혼부부 식기 세트로 전혀 손색없는 구성이 준비된다.

그야말로 돈이 없어서 결혼을 못 하는 것이 아니라, 시야와 관점을 바꾸지 못해 못 하는 것이다. 미니멀 라이프 관점으로 들어가면 혼수나 집기류도 거의 필요 없어지거나 최소화된다. 다른 품목들도 미니멀화하거나 압축하면 큰 문제가 되지 않는다. 단지 공간이 큰 문제인데, 이 역시 기대 주거 전용면적(평형)의 다운사이징으로 말끔히 해결할 수 있다.

그래서 신혼이나 은퇴 예정자일수록 미니멀 라이프가 꼭 필요하다는 생각이 점점 강해진다. 미니멀 라이프는 아파트 평형 같은 외부 사이즈를 바꾸는 것이 아니라, 먼저 나 자신을 바꾸는 방법론이기에 비용이 적게 든다. 오히려 무비용으로도 큰 문제들이 해결되기도 한다.

현재 필자 역시 미니멀 라이프의 매력에 빠져들어 점점 미니멀화를 추구하고 실현해왔다. 그 결과, 나와 가족을 위한 시간, 그리고 나의 일에 온전히 집중할 수 있는 시간이 점점 늘어나고, 그 질과 집중력이 높아지고 있음을 뼈저리게 체감하고 있다.

당연하게 들릴 수도 있겠지만, 설거지를 날로 먹는다는 관점에서 바쁜 현대인들을 위한 아주 유용한 방법을 추천한다. 바로, 식기세척기를 사용하는 것이다. 같은 설거지라도, 사용 방법론에 차이가 있다는 것이 특징이다. 자주 쓰는 접시·그릇·컵 몇 개와 수저, 쟁반 정도를 기본 세트로 구성한다. 식사 후에는 가급적 초벌 세척하지 않고, 곧바로 식기세척기에 넣는다. 그러면 설거지 시간이 거의 제로가 된다. 또 식기를 꺼내 바로 사용함으로써 일부러 초벌 설거지나 따로 그릇 정리를 하지 않는다. 식기세척기 자체가 보관함이자 순환 시스템이 되는 것이다.

물론 식기세척기가 인간의 손처럼 완벽하지는 않다. 그러나 꾸준히 돌아가도록 해서 무의미하고 반복적인 일을 자동화할 수 있다. 인간은 어차피 이런 반복적이고 사소한 일을 기억하지도, 기억할 필요도 없다. 대신 절약된 시간은 가치 있는 곳에 쓸 수 있다.

초벌을 하지 않는 이유는, 초벌을 하고 식기세척기에 넣으면 결국 일을 두 번 하는 셈이 되기 때문이다. 식사 후 곧바로 식기세척기에 넣어 돌리면 웬만하면 말끔히 세척된다. 혹여 사용 전에 세척이 덜된 부분이 있다면, 그 부분만 살짝 헹구면 된다. 큰 부담도 없고 시간도 오래 걸리지 않는다.

말끔히 세척이 다 안 된다는 말이나 불평을 할 필요가 없다. 식사 시 접시나 그릇을 말끔하게 비우고, 30분에서 1시간 동안 초고온의 물살로 세척하기 때문에 대부분 깨끗하게 처리된다. 가끔 조금 부족해도, 아예 안 된 것보다는 그래도 되어 있는 것이 낫지 않은가? 일단 자동으로 설거지가 되어 있다는 것이 중요하다. 우리 집에서는 각자가 먹은 식기와 수저만 식기세척기에 넣으면 끝이다.

결국 식기세척기는 하루 1회 이상 꾸준히 돌아가고, 필요하면 반복 세척도 가능하다. 어릴 적 음식을 남기지 않고 깨끗이 먹던 습관처럼, 깨끗이 사용한 식기를 넣어 다 함께 돌리면 세척이 잘 안 될 이유가 없다.

수세미도 매번 고온에 세척되니 항상 청결하게 유지된다.

식기세척기 안의 식기들은 미니멀 라이프의 집안 물건이나 냉장고 식재료와도 일맥상통한다. 적당한 양이 정리되어 있으면 세척도 잘 되고, 그 깨끗함이 선순환된다. 가령 굳은 밥풀 하나 정도 묻어 있다면, 그 부분만 다시 살짝 세척해서 제거하면 된다.

웬만한 국산 식기세척기는 가격과 상관없이 살균·소독·고온 열처리·멸균까지 마무리되어 아주 기분 좋은 깔끔함을 준다. 그릇을 또 사용하면 그대로 넣고, 전체를 다시 돌리면 된다. 식기세척기를 자주 돌리는지의 여부는 중요하지 않다. 매일 반복적인 설거지를 자동화해 나의 시간이 설거지에 일절 빼앗기지 않는다는 것에 초점을 맞춘다. 필요한 경우, 개별적으로 추가 세척한다. 식기류만 잘 정리되어 있으면 뽀득뽀득 거의 완벽하게 세척된다. 그래서 국산 식기세척기들을 아주 우수하게 평가해주고 싶다. 크게 손색이 없다. 홍보가 아니다. 식기류가 기름질 때는 세제를 조금 더 넣고, 완벽한 매끄러움을 원하면 가끔은 한 번 더 돌리기도 한다.

또한 멜라민 식기와 같이 플라스틱류는 다이옥신이나 폼알데하이드 같은 1급 발암물질을 발생시킬 수 있으니, 집이든 외부든 사용을 피하는 것이 좋다. 결국 이런 것들도 쌓이고 쌓여 암을 유발하는 데 일조한다. 비우는 기준에 플라스틱을 넣으면 이 또한 과감하게 버릴 수 있다. 안 좋은 것은 다 비우고 좋은 것만 핵심적으로 남겨서 깨끗하게 사용한다.

식기세척기가 활성화되어 돌아가면 하루에 한두 번 정도는 식기세척기가 자동으로 돌아가는 셈이다. 접시나 그릇을 적게 사용했어도 들어 있는 그대로 전체를 다 돌려버린다. 열 건조까지 되어 항상 기름기 없이 깨끗한 상태로 유지된다.

놀라운 점은 전기세도 생각보다 별로 나오지 않는다는 것이다. 아주 만족도가 높다. 보통 하루 2회 정도 돌리면 약 만 원 이하의 전기요금이 발생하고, 직접 설거지를 하는 것보다 물 사용량도 적으니 매우 경제적이고 효율적이라고 할 수 있다.

한 달 동안의 우리 집 무제한 설거지 비용이 직원을 고용했을 때의 1시간 비용만큼도 되지 않는다. 그러니 절대 직접 설거지하지 말고, 그냥 넣고 돌리면 된다. 그러면 주방 설거지 일에서 완전히 자유로워진다. 계속 깨끗한 상태를 유지하며 돌아가는 것이 중요하다. 그래서 필자도 가족이나 손님에게 요리해줄지언정, 절대 직접 설거지를 하지 않는다.

현재 시중에 나와 있는 드럼세탁기나 벽걸이 드럼세탁기, 식기세척기 등은 물 사용량을 최소화하도록 설계되어 있다. 특히 드럼형 세탁기는 물 사용량보다는 세탁물의 낙차를 이용해 때가 빠지도록 하는 것이 주된 원리와 기술이다.

수많은 백색가전 중 식기세척기는 많은 사람의 시간적 자유를 만들어내고, 설거지할 시간을 원천적으로 차단해준다. 먹는 것은 생존에서 가장 중요하기 때문에 식기세척기는 생활 자동화 실현에 1등 공신이라 할 수 있다. 단, 요리는 직접하고, 뒤처리는 모두 식기세척기가 하도록 하자. 가급적 건강식의 음식을 집에서 해 먹는 것이 좋다. 배달 음식이나 외부 음식이 결코 건강에 좋은 것만은 아니기 때문이다.

신규 아파트나 새 싱크대의 경우 식기세척기가 하부장에 빌트인으로 내장된 경우가 많다. 하지만 필자는 식기세척기 매니아인 독자의 조언으로, 하부장이 아닌 싱크대의 인조대리석 위에 식기세척기를 놓고 사용해보니 일 1~2회 사용하는데, 그릇과 접시 및 수저를 넣고 뺄 때 허리를 굽히지 않아도 되어 하부장에 빌트인되어 있는 것보다 훨씬 더 편리할 뿐만 아니라, 적당한 높이에 있으니 계속 사용하게 된다는 사실을 실감할 수 있었다.

아이 셋을 키우는 한 고객은 주방 활동량이 많아 싱크대 위에 두 대의 식기세척기를 놓고 사용하는데, 만족도가 하늘만큼 높았으며 그야말로 주방 설거지 완전 자동화의 극치를 볼 수 있었다. 그렇다. 인간은 기계를 이렇게 이용해 자신의 시간을 지켜야 한다. 한 달 동안 무제한으로 사용해도 몇만 원도 나오지 않는다. 이 고객에게 가치 있는 시간은 바로 육아일 것이다.

주방에선 과감함도 필요하다. 그릇의 이가 나가거나 깨지거나 짝이 안

맞거나 뚜껑이 없거나 오래된 플라스틱이거나 색이 바랬거나 중복되거나 보기 싫은 주방용품 등은 모두 과감하게 버리도록 하자. 컨디션이 좋은 최상의 용품만 보유해 처박아두지 말고 정갈하게 활용한다. 사실 4인 가족이 한 끼 식사에 필요한 그릇·접시·컵 정도라면 식기세척기에 충분히 들어간다. 매일 세척해 돌리면 언제나 깨끗한 상태로 유지된다.

미니멀하게 변화한 후부터 음식을 남기지 않으니, 음식물 쓰레기가 거의 생기지 않는다. 과일 껍질, 닭 뼈, 고구마 등의 껍질 등은 음식물처리기에 넣으면 화장(火葬)이 된 듯 완전히 건조·분쇄되어 부피가 확 줄어든다. 하지만 굳이 음식물 쓰레기의 부패 시간 단축에 비싼 에너지를 낭비한다는 느낌도 들어 필자는 운동 삼아 매일 저녁 직접 버리는 방향으로 정했다.

음식물 처리기는 미니멀 라이프의 1순위 필수품은 아니지만, 소량의 음식물일 경우 사용하면 유용한 것 같다. 눈에 보이지 않는 큰 장점은 음식물 쓰레기가 없으니 바퀴벌레와 날벌레들이 모이지 않는다는 점이 아닐까 싶다. 바퀴벌레와 친구들은 음식물 쓰레기로 모이기 시작해 어딘가에 숨어 있다가 시간이 지나면 번식하기 때문이다.

미니멀 라이프의 최적화는 극단적인 간소함이나 편리함을 추구하는 것이 아니다. 핵심은 꼭 필요한 부분에서 최고의 성능과 효율이 발휘되도록 물건과 가전제품을 제대로 활용하는 데 있다. 불필요하다면 과감히 비우되, 필요할 때는 선택적으로 활용하면 된다.

지금은 부족할 때는 부족한 대로 먹게 되는 습관이 생겼다. 가급적 건강식으로 간단하게라도 해서 먹고, 식사 후에는 무조건 바로 식기세척기가 돌아가니 설거지를 하는 데 크게 시간이 낭비되지 않는다. 음식도 제때 다 먹기에 냉장고가 비워지면, 새로운 음식이 들어와 자연스러운 순환이 이루어진다. 아이들 역시 음식을 남기지 않고 맛있게 먹는 흐름에 익숙해졌으니 매우 뿌듯하다.

운동 부족이 습관화되고 매일 밖에서 사 먹으면 머지않아 고혈압이나 당뇨가 온다는 사실을 의사들도 크게 부인하지 못할 것이다. 역시 집밥이 가장 깨끗하고 믿을 수 있다. 집에서 음식을 해 먹으면 건강이 좋아질 뿐만 아니라 가족 간의 대화 시간이 늘어나고, 자잘한 식비 지출도 줄어들게 된다. 식비 지출이 줄어드는 것은 경제적으로는 아주 큰 성과라 할 수 있다.

필요한 경우에 뷔페라든지 고깃집, 해산물 등의 외식을 하면 미니멀 라이프와 균형을 맞출 수 있다. 또 잊을 만하면 결혼식 등의 행사도 찾아오기 마련이다. 집안이 심플하기에 밖에서 먹을 때도 마음 편히 먹게 된다.

미니멀 키친을 완성해주는
가공 식재료

깔끔한 주방을 유지하는 것은 분명 좋은 일이지만, 지나치게 미니멀 키친을 고수하다 보면 어리석게도 주방의 본 기능을 상실하게 되는 경우가 있다. 미니멀 라이프도 좋지만, 주방 본연의 구실과 기능을 발휘하지 못하면 무슨 소용이겠는가? 보여주고 자랑하기 위해 비싸고 멋진 싱크대를 사용하는 것은 아니지 않겠는가?

따라서 실온에 두고 오래 보관이 가능하며, 필요할 때 상당히 큰 역할을 해주고, 인스턴트 식품 특유의 부정적인 요소가 적은 식재료들을 몇 가지 소개하고자 한다.

미니멀리스트가 미니멀 라이프를 한답시고 주방에 환경호르몬 같은 발암물질이 나오는 무균밀봉 포장 햇반이나 인스턴트 식품들로만 꽉 채워 넣는 경우를 쉽게 찾아볼 수 있다. 참으로 어리석고 멍청한 일이 아닐 수 없다. 왜 미니멀 라이프를 하는가? 항상 주와 객은 전도되면 안 된다.

이 책에서 소개하는 식자재는 대부분 우리가 이미 알고 있는 것들이며, 개인적인 차이는 있겠지만, 객관적으로 미니멀리스트에게 어느 정도 공감되고 건강에 무리가 없는 것들로 압축했다. 제품뿐만 아니라, 용량도 눈여겨볼 만하며, 대부분은 인스턴트 식품이 아니다.

〈오뚜기 카레 순한 맛 1kg〉

동양인들에게 잊을 만하면 생각나는 것이 카레인데, 카레라이스, 볶음밥, 튀김 등 다양한 요리에 두루 활용할 수 있으며, 보관도 용이하다. 1kg 한 봉지만 있어도 오래 먹을 수 있다. 특히 강황(薑黃) 성분이 들어 있어 암세포를 억제하는 항암 작용에도 크게 도움이 되는 유익한 식재료라 두고두고 활용할 수 있다.

〈동서식품 맥심 모카골드 마일드 원두커피 500g〉

커피머신도 필요 없고, 맛과 향이 크게 뒤지지 않고 무난하다. 전 세계에 내다 놓아도 크게 손색이 없는 타 먹는 원두커피다. 개인적인 취향에 따라 설탕으로 당도를 조절할 수 있다. 500g은 꽤 오래 먹을 수 있고 보관도 아주 용이하다. 매일 지출되는 커피음료 비용을 줄이는 데도 큰 도움이 된다. 다만 한국인들은 너무 커피를 많이 마시는 경향이 있다. 커피를 줄여야 한다.

〈완도(곱창) 돌김 100장〉

먹을 만한 반찬이 없을 때 갓 지은 흰 쌀밥에 참기름과 간장을 섞어 찍어 먹으면 입맛을 돋운다. 마른 김 5장에는 달걀 1개 분의 단백질이 함유되어 있다. 냉동 보관이 용이하고 실온에서도 냄새가 나지 않는다. 돌김에는 여러 가지 브랜드가 있다. 방부제가 들어 있는 개별 포장용 김과는 큰 차이가 있다.

〈노브랜드 냉동 우삼겹 바로구이(미국산) 1kg〉

국산이 아닌 미국산이라 아쉽긴 하지만, 가격이 매우 경제적이다. 냉동실에 한두 판 두고, 필요할 때마다 몇 조각씩 꺼내 요리에 활용할 수 있다. 라면이나 국에 넣거나 몇 조각 구워 밥에 얹어 먹을 수도 있고, 방법이 아주 다양하다.

건강 상식까지 더하자면, 육류는 한 번에 많이 먹는 것이 아니라, 매일 소량을 섭취하는 것이 중요하다. 소량씩 먹으면 꽤 오래 먹는다. 요즘은 온라인몰에서도 쉽게 주문할 수 있으니 세상 참 많이 좋아진 것 같다.

〈오뚜기 옛날 미역 250g〉

4인 가족이어도 생일이 돌아오면 약 석 달에 한 번씩은 미역국이 필요하다. 위암 환자들에게 큰 도움이 되는 미역은 일반 사람들의 소화기관에도 굉장히 좋을 뿐만 아니라 아이들 위장 관리에도 좋다. 대용량이어도 보관이 편리하다. 끓는 물에 삶아 헹군 다음 물을 버리고, 참기름을 넣고 달달 볶은 후 다시 물을 넣고 소금, 소고기를 넣어 간을 맞추면 밖에서도 맛보기 힘든 미역국을 먹을 수 있다.

미니멀 키친의 핵심은 건강과 웰빙을 중심으로, 심플하고 정갈한 환경과 그 주방에 들어가는 식재료가 아닐까 싶다. 그중 앞의 리스트들은 깔끔하면서도 재료 이상의 역할을 한다. 무턱대고 방부제 백반이나 밀봉 인스턴트 백반을 전자레인지에 돌려먹는 것을 미니멀 라이프로 오인해서는 안 된다. 이는 참으로 바보 같은 짓이다. 전자레인지에만 돌리면 바로 쌀밥이 완성되기에 이만큼 편리한 것이 어디 있겠냐마는, 그 이상의 함정들이 숨어 있음을 어찌 모르는가?

필자의 주방 환경이 변화하고 나서는 음식 하나하나에 더 간절하고 소중한 느낌이 들어 과일이나 고구마 껍질 등의 어쩔 수 없는 것들을 제외하고는 음식물 쓰레기가 거의 나오지 않는다. 이는 곧 식비도 조금은 줄어들었다는 것을 의미한다. 반찬도 새로 들어오면, 소멸되는 주기가 매우 빨라졌고, 냉장고나 냉동실에 오래 묵혀두지 않는다. 빨리빨리 순환이 잘되고 있기에 식복과 재물복이 고이지 않고 잘 순환된다고 볼 수 있다. 무엇보다 아이들이 음식을 남기지 않고 맛있게 먹는 흐름에 익숙해진 모습을 보니 굉장히 뿌듯하다.

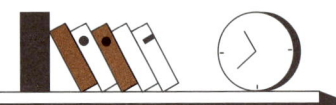

공기청정기보다
더 중요한 것

공간에 숨어 있는 습기를 쫙 빨아당겨 뽀송뽀송하게 해주는 제습기는 성능이나 브랜드와 관계없이 아주 쾌적한 환경을 만들어준다. 또한, 축축하고 눅눅한 음의 기운을 말려 드라이하고 밝은 양의 기운을 조성해주기도 한다.

결로(結露)를 차단해 곰팡이 생성을 사전에 억제하고, 심한 경우 각종 벌레까지 말려서 박멸해버리기도 한다. 비 오는 날 제습기를 틀면 마치 바다 위의 사막에 있는 느낌마저 든다. 제습기는 에어컨이나 냉난방기 외에 부수적으로도 상당한 효력을 발휘한다. 필요할 때 옷장 앞이나 옷방 안에 강력하게 틀어놓으면 '물먹는 하마' 이상의 효력을 발휘하기도 한다.

한편, 사업장에서는 누진세가 적용되지 않는 상업용 전력을 사용하기 때문에 에어컨을 구매할 요량이라면 조금 더 비용이 들더라도, 세계적으로도 인정받고 있는 국산 냉난방기로 구매하는 것이 좋다. 냉방, 난방, 제습까지 공기와 온도의 질을 고급스럽게 높일 수 있기 때문이다. 단순히 미니멀을 떠나서 최상의 환경은 최고의 능률을 만들어낸다.

공기청정기의 위상은 날로 점점 더 높아지고 있다. 하지만 주거를 목적으로 하는 집을 선택할 때 환풍이 잘되는 남향집으로 하면 많은 문제가 자연스럽게 개선된다. 남향 집을 비싸지 않게 사려면 하락장이나 침체기일 때 매수자 우위의 힘을 이용해야 한다.

삶을 최적화시켜주는
우리 집 비서들

앞서 살펴 본 식기세척기와 로봇청소기만 하더라도 집안일의 상당량이 자동화되어 가사에 큰 도움을 준다. AI 기반의 휴머노이드 로봇 테슬라의 옵티머스가 가정에서 활약하는 날도 얼마 남지 않았기에 상당한 기대가 된다.

〈작은 벽걸이 드럼 세탁기〉

일반 세탁기 외에 별도로 활용할 수 있는 국산 벽걸이 미니 드럼세탁기(3kg)는 소량만 세탁할 수 있기에 사용 만족도가 아주 높고, 의외로 적지 않은 양의 세탁도 가능하다. 쌓아두지 않고, 바로바로 빨아 입는 미니멀리스트의 경우, 매우 활용도가 높고 매력적이다. 냄새나는 세탁물이 쌓이지 않도록 해준다. 그뿐만 아니라, 전기세가 굉장히 적게 나오고 물의 사용량 또한 매우 적다. 빨래양이 많을 때나 큰 세탁물을 세탁할 때도 메인 세탁기와 겸해서 사용하면 빨래걸이가 금세 사라져버린다.

기본적으로는 세탁 전용이지만, 동시에 건조기 기능까지 있어 굉장히 효율적인데, 디자인이 미래지향적이고 크기가 작다. 평생 사용할 집의 인테리어를 할 때나 가전제품을 설치할 때, Cordless(무선의), Wireless(선이 없는), Wall mounted(벽걸이의), Built in(붙박이의), Two-toned(두 가지 색의), Simple(간단한) 요소들을 생각해서 한다면, 아주 감각적이면서도 세련된 나만의 인테리어가 완성된다. 이제 가전제품은 인테리어와 떼려야 뗄 수 없는 관계가 되었다.

세탁은 미니멀 라이프라는 무대 뒤의 보이지 않는 스텝과도 같다. 보통 드럼세탁기와 건조기 타워 세트가 있어도 싱크대 근처 벽면에 작은 벽걸이 드럼 세탁기를 추가로 설치하면 기능성도 우수하고 미관상으로도 매우 감각적이다. 꼭 아기 옷 용도로 사용하지 않아도 된다. 손수건, 수건, 행주, 운동복, (고무) 신발 등의 소량 세탁 시 사용해보니 메인 세탁기와는 별도로 아주 만족도가 높다.

〈타이머〉

매일 새벽 6시 50분, 타이머가 켜지며 전기가 들어온다. 식탁의 콘셉트 조명에 불이 켜지면서 라디오에 연결된 고성능 스피커로 크게 음악 소리가 들려온다. 별도의 타이머에는 조명과 라디오가 연결되어 있고, 필요한 시간에 매일 자동으로 전기가 돌아가도록 한다. 별것 아니지만 아주 유용하다. 신축아파트에는 타이머 콘센트가 설치되어 있는 곳도 있지만, 구축에서는 타이머를 활용하면 된다.

전등이 켜지고 음악 소리가 크게 울리면 일어나서 일단 차가운 물로 가볍게 세수를 한 다음, 입속의 세균을 제거하기 위해 양치(養齒)를 한다. 커피 한 잔을 마시면서 잠을 깨고 계란후라이 반숙이나 바나나로 위를 달랜 후 아침을 시작한다. 별거 아니지만, 타이머가 자동으로 선사해 주는 자동 모닝 루틴이다. 20년 전에 큰 부잣집에 며칠 묵게 되었을 때 보고, 매우 인상이 깊어 시간이 한참 지난 후에 벤치마킹했는데, 굉장히 만족스럽다.

갈증을 해소하는
창의적 미니멀리즘

식기세척기용 분말세제가 떨어졌다. 옛날 같았으면 바로 주문했을 것이다. 하지만 주문하지 않았다. 아직 액체 주방세제의 여유분이 많이 남아 있기에, 이것을 대신 사용했다. 사실 사용해보니 큰 차이를 느끼지 못했고, 지금은 편의상 액체세제 하나로 쓰는 데 전혀 불편함이 없다.

거실에 있는 티슈도 떨어졌다. 하지만 화장지는 아직 충분히 남아 있다. 게다가 요즘은 티슈나 화장지를 잘 쓰지 않고, 걸레를 빨아 다시 사용하는 습관이 생겼으며, 환경호르몬이 나오는 일회용품도 잘 쓰지 않게 되었다. 필자가 아주 젊은 영업사원 시절, 한 사모님께서 굉장히 근검절약을 하시길래 속으론 '넉넉하면서 뭘 그리 아끼나' 하는 생각이 들었던 적이 있었다. 지금 와서 생각해보니 단순히 아끼는 것이 아니었음을 뒤늦게 이해할 수 있었다.

한 번은 냉장고에 김치가 다 떨어졌다. 깍두기는 한참 많이 남아 있는데, 맛이 좀 없었던지, 김치를 먼저 다 먹어버렸던 것이다. 굳이 김치를 새로 만들거나 사지 않고, 깍두기가 없어질 때까지 깍두기에 집중하게 되었다. 그렇지 않고 새 김치를 들여놓았다면 깍두기는 결국 먹지 않고 버리게 되었을 것이다.

반찬이 비워지면 새로운 반찬이 들어와도 금세 사라진다. 먹을 복이 빠르게 순환하게 되는 것이다. 신선하고 맛있는 반찬이 들어오면 제때 바로바로 먹어야 한다. 그래야 신선한 새로운 반찬이 또 들어오게 된다. 물이 고이면 금세 썩는 것처럼 반찬도 빨리빨리 먹지 않으면 금세 신선함이 사라지고, 상태가 변질되어 먹을 복도 사라지게 된다.

마침 식용유가 떨어졌다. 계란후라이를 해야 했는데, '굳이 몸에도 좋지 않은 씨앗 식용유를 먹을 필요가 있나' 싶어, 조금 전 고기를 굽고 남은 프라이팬의 동물성 기름으로 계란을 부쳤다. 티끌 모아 발병하는 씨앗 기름보다 차라리 자연의 동물성 기름이 훨씬 안전하다. 없을 때는 지니고 있는 지식과 지혜를 활용해 가급적 있는 것으로 최대한 활용하자는 실용주의가 되었다. 지나칠 필요는 없지만, 갈증으로 인한 문제를 과학적으로 거스르지 않고, 순식간에 해결할 수 있게 되었다.

이렇게 하다 보면 조금씩 모르는 것을 알게 되기도 하고, 무엇이 없다고 해서 극성을 떨지 않아도 된다. 요리 역시 마찬가지다. 수많은 재료를 다양한 방식으로 조합하는 것이 요리인 만큼, 어떤 재료가 없더라도 다른 것으로 충분히 대체해 문제를 해결할 수 있다.

판매자는 용도를 구분해 세분화하고, 카테고리를 나눠 더 큰 소비시장이 될 수 있도록 머리를 쥐어짜서 만든다. 소비자 입장에서는 너무 판매자의 흐름에 빨려 들어갈 필요는 없다. 사실 모든 것이 점점 더 편리해지는 고도화된 상업 사회 속에서도, 소비자 입장에서 조금만 창의적으로 생각한다면 사실 크게 어려운 일이 아니다. 물론 섬세한 용도에 맞는 다양한 도구나 재료들이 있으면 좋겠지만, 갈증을 느끼면 그 갈증이 끝도 없고, 오히려 비움과 간소화를 하는 과정에서 창의적인 사고를 하면 복잡한 프로세스가 단순화되고 심플해진다.

갈증을 해소하거나 잠재워야 소비를 억제할 수 있다. 한번 구매하면 계속 구매하려는 관성이 생기고, 절제하면 계속 창의적으로 응용해 어느 정도 절제되도록 하는 관성이 생긴다. 결국, 창의력이 있어야 비울 수도 있고, 더 나아가서는 갈증이 없기에 자연스럽게 구매하지 않을 수도 있다. 이것은 단순히 소비를 억제하는 것과는 큰 차이가 있다.

물건이나 재료가 떨어졌을 때, 부족함을 부족하다고 느끼면, 그것이 갈증으로 남아 부재로 인한 결핍이 된다. 하지만 여유로운 마음을 가지고 창의적으로 사고하면 소비를 줄일 수 있다. 오히려 먹어치워야 하거나 빨리 소모해야 하는 것들을 자연스럽게 처리할 기회가 되기도 한다. 이것이야말로 자연스러운 순환이다.

창의적으로 응용하며 사용하면 갈증이나 결핍이 되지 않는다. 그러나 않고 계속 사재끼기만 하면 이 또한 계속 쌓이게 되므로, 미니멀 라이프에도 역행하게 된다.

연 6만 원으로
세제 보충 자동화

한 고객으로부터 각종 세탁세제류의 반자동 보충 루틴을 추천받았는데, 별거 아닌 것 같은데 매우 실용적이고 효율적이었다. 방법은 간단하다. 오픈마켓에서 세제류 위주로만 장바구니에 담아놓고, 떨어질 즈음 주문을 하는 것이다. 품목별로 차이는 있겠지만, 버튼 하나로 몇 달에 한 번씩 주문만 하면 된다. 이렇게 하면 주말 등에 장을 볼 때 세제를 따로 사야 하는 상황이 생겨 애매하게 황금주말의 귀중한 시간을 낭비하지 않을 수 있다. 잡다한 시간이 소모되지 않는 부분은 의외로 굉장히 중요하다.

주방세제, 드럼세탁기 액체세제, 섬유유연제의 세탁세제류들을 무료배송 기준인 대략 3만 원 정도로 몇 달 간격으로 주문을 하는데, 이렇게 계산하면 겨우 월 1만 원 꼴이다. 실행해보면 알겠지만, 반복되는 소모 시간을 줄일 수 있다는 점에서 상당히 실용적이다. 다이소몰의 경우, 국산 주방세제나 드럼 액체세제는 구매 개수 제한이 있기에 종류별로 하나씩 담거나 6개 한 박스로 주문하는 방식으로 해결할 수 있다. 다른 플랫폼의 쇼핑몰은 이러한 제한이 없다.

청결과 관련된 소모품은 여유롭게 구비해둔다. 미니멀리스트라고 해서 무조건 비우고 없애고 최소화하는 것이 아니라, 있어야 할 것들은 급할 때 바닥이 나지 않도록 전장(戰場)의 군량미(軍糧米)처럼 든든히 준비해두는 것이 현명하다. 3만 원에 해당되는 앞의 품목들을 급하게 편의점이나 비싼 경로의 소매점에서 구매하면 그 비용은 약 10~20만 원에 육박하게 된다. 동일한 성분의 드럼세탁기 세제 등도 절대 저렴하지 않다.

혹여 구차해 보일 수도 있겠지만, 고정지출과 생활지출은 작은 습관이 쌓일수록 기하급수적으로 커진다. 반대로, 불필요한 소비 요인을 제거하면 생각보다 큰 변화가 일어난다. 실제로 수억 원을 기부했던 김밥 할머니의 사례를 떠올려보라. 그분의 생활은 철저히 절약적이었고, 모든 사소한 지출 요인을 최소화했기에 6억 원이라는 거액을 남길 수 있었던 것이다.

지금은 온라인 오픈마켓이 역사상 가장 편리한 서비스를 제공하는 시대다. 덕분에 과거보다 인근 편의시설의 중요성은 상대적으로 줄어들었다. 필자 역시 미니멀 라이프가 정착된 이후로는 유료 구독 멤버십 없이도 전혀 불편함을 느끼지 못한다. 필요하다면 할인 시기에만 가입하고, 다시 해지하는 유연한 방식으로 충분하다. 기업은 우리가 늘 구독 상태로 머물길 바라지만, 선택권은 결국 우리의 몫이다.

유료 구독 멤버십 없이도, 이따금씩 필요한 생필품이나 음식 재료를 대량이 아닌 집중 구매 방식으로 마련하면 무분별한 소비를 줄일 수 있고, 못 쓰고 버리는 식재료도 줄어들게 된다. 일각에서는 이러한 방식이 미니멀 라이프에 위배된다고도 할 것이다. 하지만 이는 다르다.

소비자가 불필요하게 자주 소량 구매하는 대신, 한 번에 집중 구매를 하면 택배 기사님들의 업무 효율 역시 높아진다. 따지고 보면 이 고물가 시대에 소비자와 노동 근로자에게 동시에 유리한 작용이 일어나게 된다. 이제는 몰아서 주문하라. 택배기사님들이 좀 더 일할 맛이 날 것이다.

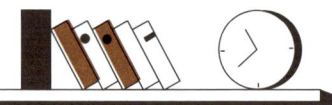

현존하는
지구 최고의 물

물에 관한 매우 민감한 이야기를 하나 하려 한다. 사람들이 많이 먹는 생수 페트병의 물 성분 자체는 대부분 깨끗하다. 하지만 생산 과정에서부터 미세하게 나노 플라스틱 같은 유해 물질이 생성되고 유입된다. 이동 과정에서 햇볕과 같은 직사광선에 노출되어 폼알데하이드, 아세트알데하이드 등의 발암물질이 배출되어 장기간 노출 시 몸에도 좋지만은 않다.

우리 몸에서 물은 굉장히 중요하다. 그러나 페트병에서 발생되는 환경호르몬이나 썩지 않는 미세플라스틱은 매일 몸에 쌓이면 나중에 큰 병이 생기기 때문에 매일 생수를 사 먹는 것은 좋지 않다. 또한, 페트병은 쓰레기 문제로도 환경에 안 좋은 영향을 미친다.

생수 자체는 지하수를 기반으로 각종 미네랄을 함유하고 있어 건강에 도움이 되기도 한다. 그러나 문제는 살균 소독을 거치지 않았다는 점이다. 이 때문에 세균이 쉽게 증식할 수 있으며, 특히 한번 개봉한 생수병은 즉시 마시는 것이 좋다. 개봉 후 마시다 남긴 물에서는 세균이 빠른 속도로 번식해, 하루 이틀만 지나도 수만 마리 이상이 되기 때문에 개봉 후 다 마시든지 남으면 버리는 것이 좋다.

종이팩에 든 생수도 최근의 유행에 한몫하고 있다. 하지만 결국 플라스틱 생산 과정과 크게 다르지 않기 때문에, 뚜껑 부분에서 미세플라스틱이 검출될 수 있고, 팩 내부 역시 생산 과정에서 어쩔 수 없는 고질적 문제가 존재한다. 조금 더 나을 뿐, 본질적으로는 마찬가지이며, 올바르게 처리되지 않으면 심각한 환경 문제를 일으킬 수 있다.

내가 자고 있어도 돈이 일을 하는 것이 아니라, 내가 자고 있어도 끊임없이 계속해서 지출이 되는 푼돈이야말로 곧 새는 돈이다. 기업들은 사실 이 부분을 점유하고 장악하기 위해 혈안이 되어 있다. 원래 자연의 법칙이 존재하는데, 기업은 계속해서 인위적으로 세상을 만들려고 한다. 이것이 나쁘다고 하는 것은 아니지만, 결국 소비자의 비용을 지속적으로 묶어두려는 구조를 만들어낸다.

정수기 시장만 보더라도 시중에 수많은 업체가 존재한다. 일단 한번 고객이 되면 장기간 고객으로 묶어두기가 아주 용이하기 때문이다. 다 알겠지만, 소비자들이 매달 꾸준히 계속해서 내는 비용이 곧 기업들의 샘

솟는 주요 수입원이 된다. 그래서 상품과 서비스의 장점이 화려하게 홍보되지만, 잘 살펴보면 안 쓰는 것만 못한 상품들이나 서비스들도 굉장히 많다.

만들어진 금융형 부자들은 돈을 많이 쓰고 적게 쓰고를 떠나, 기업들의 입에 발린 소리에 귀가 팔랑팔랑 넘어가지 않는다. 자연과 사물의 현상을 보는 자신만의 안목과 남들의 유혹에 잘 넘어가지 않는다. 하지만 일반 소비자들은 이미 기업들이 만들어놓은 판의 현대판 노예가 되어 있다.

냉수와 얼음물은 명백히 소화기관에 좋지 않은 영향을 준다. 우리는 이미 외부에서도 충분히 많은 아이스 음료를 마시고 있다. 외부 활동 시에는 아이스 음료를 마시되, 집에서만큼은 가급적 조금이라도 줄이는 것도 좋을 것이다. 그렇게 되면 밖에서 가끔 먹는 아이스 음료가 더 꿀맛처럼 느껴질 것이다.

온수, 정수, 냉수 더 나아가 얼음 기능까지 있는 정수기는 온도 차이로 인한 결로(結露) 현상이 발생되어 시간이 지나면 결국 곰팡이가 생기게 된다. 이는 온도 차가 발생되는 겨울철 베란다에 결로가 생기는 원리와 같다. 즉, 정수기가 자연의 섭리를 역행하고 있는 셈이다. 결로 현상이 생기는 것이 이상한 것이 아니라, 그 현상이 반복되면서 적절히 대처되지 못해 세균이 생기는 것이 문제다.

그리고 얼음 정수기의 온도를 급격히 하강시키는 과정에서 니켈과 같은 중금속이 떨어져 나올 수도 있기 때문에 결코 안전하지만은 않다. 아무리 좋은 정수기라도 최적의 청결 상태를 유지하려면 사실 약 일주일에 한 번씩은 호수 소독 및 스테인리스 저수통 내부 세척이나 배수를 하고 단기 및 중장기용 필터를 새 제품으로 교환해야 한다.

시중에서는 필터가 모든 것을 걸러준다고 하지만, 사실 필터에 한 번이라도 물이 흘러가게 되면, 각종 중금속 찌꺼기나 미세한 이물질이 남는다. 이후 필터를 교체하기 전까지 장시간 물은 계속해서 이 필터를 통과하기 때문에 이러한 정수기의 원리 자체가 그렇게 과학적으로 청결한 것이 아니다.

필터는 수도관에서 나오는 중금속이나 유해 물질을 걸러내야 되기 때문에, 아주 섬세하고 미세하게 발달해왔다. 하지만 고성능 필터는 좋은 미네랄 성분까지도 다 걸러내다 보니 산도(pH)가 5.5 정도 되는 산성수가 되기도 한다. 이는 장기간 섭취할 경우 암 발병률을 높이는 등 건강에 좋지 않은 영향을 미칠 수 있다. 수도권 기준으로 며칠만 지나도 정수기 필터를 까보면 잡다한 중금속 찌꺼기가 시커멓게 쌓인다.

즉, 정수기는 편리함 때문에 쓰는 것이지, 건강을 따진다면 정수기도 안 쓴 것보다는 낫지만, 사실 적극적으로 권장할 만한 수준은 아니라는 의미다. 장기간 마시는 물로 인해 미래의 질병 후보자가 될 수도 있다. 사람의 몸은 맑고 깨끗한 물의 흡수를 필요로 한다. 깨끗하고 건강한 물이란, 세균과 유해 독성이 없고, 미네랄 성분의 함량이 높으며, 산도가 약알칼리성인 물을 의미한다.

따지고 보면 약 몇 개월마다 교환하는 필터 내부가 더 더럽다. 그런데도 계속 그 필터를 통과해야 하는 물속에는 아주 조금씩 좋지 않은 물질이 쌓여 미래의 질병을 결정한다. 현재의 정수기 시스템은 수많은 과학문명 중에서도 편리함만 필두로 해, 정작 물의 본질적 건강 측면에서는 상대적으로 덜 발달되었다고 할 수 있다. 이러한 이유로 지금도 계속해서 최첨단 정수기들이 새롭게 출시되고 있긴 하다.

말끔한 최적의 컨디션을 유지하지 못하면 정수기가 없는 것만 못하다. 짧은 주기로 내부 살균소독을 해줘야 하는데, 현실적으로 거의 대부분은 그렇게 관리하지 못하거나 관리 주기가 너무 길다. 그 결과, 서식이 시작된 각종 미세균 등을 그대로 다시 먹게 되고, 호수 교환이나 내부 및 배출 부분 등의 청소가 계속되지 않은 정수기 내부는 미끈거릴 뿐만 아니라 시간이 지날수록 비위생적으로 된다. 직수형 정수기 역시 추출구나 직수관이 금방 오염되기 때문에 계속 케어해줘야 하기에 불편한 것은 마찬가지다.

수도권을 기준으로 평균 수명까지 생존한다고 가정할 때, 이제는 최악의 경우 3명 중 1명이 아니라 2명 중 1명이 암에 걸린다고 한다. 이 모든 것은 장기간 누적된 작은 요인들이 힘을 합쳐 결국 암 발병에 일조하기 때문이다. 정말이지 남의 일이 아니고, 결코 웃어넘길 일도 아니다.

영화 〈적벽대전〉에서 "끓이는 방법이 가장 어렵습니다. 물고기 눈 같은 거품이 일도록 끓음이 첫 번째요. 가장자리가 용솟음쳐 구슬 같은 거품이 일도록 끓이는 게 두 번째 끓음인데, 이때 가장 향기로워요. 파도처럼 힘찬 물결이 이는 것이 세 번째 끓음인데, 더 끓이면 물이 늙어 마실 수 없게 되지요"라고 물의 끓임에 대해 3단계로 아주 재미있고, 자세히 설명하고 있는데, 이는 기가 막히도록 맞는 말이다.

물을 끓일 때도 수돗물을 받아 두 번째 끓음에서 세 번째를 크게 넘기지 않을 정도까지만 굵고 짧게 끓이면 물맛도 좋고 염소나 미세플라스틱 같은 대부분의 나쁜 성분이 90% 이상 제거된다. 하지만 물을 반복해서 끓이게 되면 용존(溶存) 산소가 줄어들고, 물속 유기물과 미네랄이 변화해 불소, 비소, 질산염 등의 유해 성분이 증가하며, 물속의 칼슘과 마그네슘이 농축되어 물의 경도(軟度)가 많이 높아져 죽은 물(軟水)이 되기 때문에 신체에는 나쁜 영향을 끼치게 된다. 물을 지나치게 끓이면 오히려 유해하게 되어 과유불급(過猶不及)이 된다. 지나침은 마치 미치지 못함과 같게 된다.

차와 커피는 필요할 때만 끓여 마시되, 큰 주전자에 보리차를 끓여놓고 식혀 마시면 안전하다. 냉수가 필요하다면 물통에 담아 냉장고에 두면 된다. 한 번씩 주전자에 물만 끓이는 루틴이 형성되면 깨끗한 물을 더 맛있게 마실 수 있고, 속도 한결 편안해진다.

요즘은 물에 민감한 사람들이 많아지면서, 단순 생수 대신 시원한 보리

차나 보이차를 내는 식당도 크게 늘었다. 모두가 물의 질에 점점 더 예민해졌다는 증거다. 유럽 등지에서도 주방장들은 주로 물을 끓여 조리수를 준비한다. 끓인 물은 유리병에 담아 냉장 보관한다. 물이 식으면서 차가워지면 다시 용존산소량이 증가한다. 유럽 대륙은 석회질 암석으로 되어 있기 때문에, 지하수에도 석회질 성분이 많이 녹아 있다. 그래서 탄산수를 물처럼 마신다. 물은 끓이면 석회질 대부분이 제거된다.

대한민국의 서울시 수돗물인 아리수는 북극 청정수까지는 아니지만, 석회질이 없고, 미네랄 성분 함량이 높으며, 세계적으로 비교해보아도 상당히 안전한 등급의 수돗물이라 할 수 있다. 수돗물을 끓이면 세균 제거를 위한 잔류염소나 노후 수도배관에서 나오는 중금속 또는 불순물 및 미세 플라스틱까지도 거의 다 제거된다. 그래서 어릴 적, 시골 할머니께서 큰 주전자에 물을 올려 두 번째 끓음이 겨우 채 넘어가도록 굵고 짧게 팔팔 끓여서 차갑게 식혀주신 냉보리차가 역시 최고였구나 하는 생각이 든다.

결코 저렴하지 않은
수선 비용

물건을 쓰다 보면 고장도 잘 나고, 수선해야 하는 경우도 많이 생기기 마련이다. 그런데 수리나 수선 비용이 생각보다 적지 않다는 것을 알 수 있다. 서비스센터에 방문이라도 하게 되면 기름값이나 환산할 수 없는 시간까지도 뺏기게 되는 셈이다.

얼마 전, 1년 전에 10만 원을 넘게 주고 산 소형 즉석 카메라가 작동되지 않아 정상 작동 상태로 만들기 위해 서비스센터에 문의했다. 각종 블로그에도 시간이 조금만 지나면 즉석카메라의 고장 현상이 생긴다는 내용이 즐비했다. 수리 비용은 5만 5,000원 정도가 들고, 택배 비용까지 포함하면 6~7만 원을 들여 수리가 되는 꼴이다. 이럴 바에는 일단 고장 난 즉석카메라를 비우고, 차라리 필요할 때 6~7만 원짜리 즉석카메라를 새로 사는 게 더 낫다는 생각이 들었다. 다른 사례들도 이와 비슷한 경우가 많았다.

자본주의 시스템이나 관리에는 늘 비용이 따른다. 이 세상의 많은 물건은 소모품으로 이루어져 있고, 돈을 들여 교환해야 한다. 고정지출에 들어가는 관리비 역시 절대 무시할 만한 것이 못 된다. 어느 정도 시간이 지나면 차량 가격보다 유지·관리 비용이 더 드는 판국이다. 구조적으로 관리 비용이 계속 지출되는 구조다. 전자제품이나 각종 물건도 마찬가지다.

물론 잘 고쳐서 쓸 수도 있겠지만, 수리하는 데 적지 않은 비용이 들거나 기타 잡비용까지 더해진다면, 차라리 기준을 세워 과감히 버리는 것도 나쁘지 않다. 고가의 물건만 아니라면 오히려 고장이 난 것이 쉽게 버릴 수 있도록 해주는 기회가 된다.

물가가 가파르게 상승하면서 물건값이 저렴하지 않게 되었고, 이에 따라 수선·수리 비용 또한 애매하고 부담스럽게 책정되는 경우가 많다. 물론 일부 예외는 있겠지만, 고쳐 쓰는 것보다 새로 구입하는 편이 시간 낭비를 줄이고 더 효율적인 경우가 적지 않은, 참으로 아이러니한 세상이 되어버렸다.

구매 욕구 갈증의
원천적 차단

무조건 버리기보다는 과정이나 내용, 또는 그 근거를 이해하게 되면 그 물건을 버리거나 들이지 않게 된다. 아울러, 구매 갈증이 없어지기 때문에 새로 사지도 않게 된다. 호불호가 갈릴 수 있기 때문에 예시를 통해 원리를 이해하면 다른 물건에 적용 가능하다.

〈무선이어폰〉
전자레인지만큼이나 방사선의 피해가 크고 위험한 제품이라 할 수 있다. 귀를 통해 직접적으로 노출되므로 습관적으로 사용한다면 가능한 한 빨리 보청기를 예약해놓아야 할 정도로 청력 건강에 치명적이다. 인간이 만들어놓은 법적 제한을 절대적으로 안전하다고 오인해서는 안 된다. 법적으로도 제재할 만한 사안임에도 기업의 힘으로 허용되고 있는 상황이다.

〈유아 퀵보드〉

인과관계가 조금 약하긴 하지만, 퀵보드에는 간과하기 어려운 문제가 있다. 영유아 퀵보드가 활성화된 이후, 특히 남아보다 여아 영유아 탑승자들 가운데 허리 측만증을 호소하는 환자가 늘어났다. 근육이 미약한 영유아가 한쪽 발로만 퀵보드를 타면, 특정 근육만 강화되어 척추가 한쪽으로 휘는 증세로 이어질 수 있기 때문이다. 척추측만증은 한번 발병하면 치료가 쉽지 않은 것이 현실이다. 또한 영유아 퀵보드 사고율 자체도 점차 증가해, 머리에 큰 충격이 가해질 경우 심각한 문제로 이어질 수 있다. 신체 능력이 아직 미성숙한 영유아에게 퀵보드는 그다지 안전한 탑승 수단이 아니다. 퀵보드는 성인에게도 위험하지만, 상대적으로 영유아에게는 훨씬 더 위험하다.

이 외에도 시중에는 이미 알려진 사례뿐만 아니라 아직 잘 알려지지 않은 내용이 산재해 있으나, 논란이 많아 여기서는 생략한다. 여기서 전달하고자 하는 것은 건강에 좋지 않거나 몸에 이상을 일으킬 수 있는 위험 요인을 인지하게 되면, 해당 상품을 구매하려는 갈증이 생기지 않을 뿐더러, 그 물건에 대한 미련이나 집착 없이도 충분히 생활을 영위할 수 있다는 것이다.

현대사회에는 편의를 위해 수많은 물건들이 쏟아져 나오지만, 사실 굳이 없어도 되는 물건들도 무수히 많다. 그리고 모든 것은 돈과 연결되어 있다. 합법적이라고 해서 우리 몸에 적합한 것은 아니다.

고정지출 비용이 없는
바퀴벌레 박멸시스템

구축 아파트에서 인테리어 공사를 하거나 새로 이사를 왔을 때는 반드시 한 번은 연막탄을 사용해 전반적으로 살충해서 바퀴벌레의 씨를 말려야 한다. 이후에는 집안 구석구석 오래된 틈이나 구멍 등을 실리콘이나 백시멘트로 제대로 막아주면 된다. 원천적으로 은거나 서식하기 힘들도록 만들어주는 것이다.

오래되고 더러운 소파나 침대, 수납장 등은 모두 갖다 버리고 썩은 싱크대 등도 교체한다. 순수 원목이 아닌 재활용 나무 속은 습기가 차고 한번 외부에 방치되면 쉽게 오염되고 변질되며, 내부에 미세한 벌레가 서식하기도 한다. 따라서 출처를 알 수 없는 외부 목재 가구는 집 안에 들이지 않는 것이 바람직하다.

깨끗한 환경이 유지되고 있는데도 바퀴벌레가 출현한다면, 더러운 쓰레기나 음식물 쓰레기 냄새를 맡고 외부로부터 유입된 것이라 볼 수 있다. 사람들이 생각지도 못한 에어컨의 실외기 배관이나 각종 배수구 같은 곳을 타고 유입되기도 한다. 이 과정에서 아예 눌러앉아 번식하는 경우가 많고, 알 하나에서 몇십 마리가 부화하게 된다. 그래서 더러운 쓰레기는 바로바로 갖다 버리고, 들어온 바퀴벌레가 약을 먹고 죽을 수 있도록 싱크대 밑 구석구석 이동경로에 업체에서 쓰는 약 성분과 비슷한 맥스포스 셀렉트겔이나 울트라맥스겔 등의 약을 쳐놓고 찐득이도 설치해둔다. 집으로 들어오는 주요 길목에 초음파 바퀴벌레 퇴치기를 설치해놓아도 집안으로의 접근이 어려워져 좋은 방법이다. 또한, 제습기로 눅눅한 습기를 차단해 서식하기 힘든 환경을 만들어야 한다.

필자의 집에는 음식물 쓰레기가 거의 생기지 않으니 바퀴벌레의 외부 유입 자체가 원천적으로 차단되고 있다. 한편, 전기 모기퇴치기를 설치하면 모기나 날벌레들을 자동으로 퇴치할 수 있다. 이렇게 하면 고정비용이 많이 드는 벌레 퇴치 프로그램만큼의 효과를 톡톡히 볼 수 있다. 아무리 바퀴벌레 방제 서비스에 가입되어 있어도 쓰레기통이나 음식물 냄새로 인해 외부에서 유입되는 특수부대나 해병대 출신의 잔뼈가 굵은 바퀴벌레는 막지 못한다. 가끔 어리바리 바퀴벌레가 겁 없이 들어오기도 한다. 즉, 바퀴벌레는 내부 완전 박멸과 외부 유입 차단이라는 양면 작전을 동시에 펼쳤을 때만 성공적으로 완전히 박멸시킬 수 있다.

신축 아파트라 할지라도, 입주 후 1년 정도 지나면 어디선가 바퀴벌레가 나오거나 옮겨 들어오기 마련이다. 그렇기에 음식물 쓰레기 관리를 비위생적으로 하면 안 된다. 음식물 쓰레기는 바로 갖다 버리는 것이 상책이다. 그래서 쓰레기통의 크기는 작고, 뚜껑은 야무지고 무거운 화려한 외관이 좋다고 했다. 쓰레기통 역시 바퀴벌레 및 벌레가 들끓는 것을 차단하는 실내 풍수 인테리어의 간단한 원리라 할 수 있다.

하드디스크에도 필요한 미니멀리즘

종이 서류를 그렇게 많이 버리고 나니, 이번에는 하드디스크 속 서류들이 여간 골칫거리가 아니었다. 필요한 순간에 필요한 파일을 바로 찾아야 하기 때문에, 파일을 생성하고 나서 그때그때 바로 보편적인 파일 이름으로 저장해야 한다. 분류된 공폴더에 정리하지 않으면 다시 찾기도 어렵고, 파일들이 뒤섞여 지우기도 애매해진다. 결국 파일은 쌓이고 쌓여, 그 양도 무시하지 못할 정도로 커져버린다.

그래서 지금 쓴 파일도 바로 정리해놓는 것이 미래의 내 소중한 시간을 낭비하지 않는 일이다. 또 정리하거나 볼 시간이 없다. 이는 시간이 지나서도 내 디지털 자산을 적재적소에 잘 활용할 수 있는 밑거름이 된다. 물론 업종에 따라 약간씩은 다르겠지만, 가장 중요한 파일은 작가 한강처럼 한두 개의 USB에 정리되도록 압축이 필요하다. 그렇게 하면 결국은 USB 하나만 남는다.

중고제품이 가격적으로 유리한 것만은 아니다

아무리 좋은 빤스라도 남이 입던 중고 빤스를 입지는 않는다. 마찬가지로, 남이 사용하던 냉장고나 세탁기, 정수기, 제습기, 식기세척기, 에어컨, 밥솥 등의 물과 관련된 전자제품들은 가급적이면 중고로 들이지 말자. 비유명 브랜드 제품을 사용할지언정 새 제품으로 사용하도록 하자. 요즘에는 유명 국산 브랜드 제품도 불필요한 기능을 한두 개 빼면 가격이 아주 착하다.

집안의 재물운과 관계가 깊은 가전제품류에는 전주인의 몰락한 기운이 고스란히 남아 있는 경우가 많기 때문에 함부로 그냥 받아오면 절대 안 된다. 어쩔 수 없이 중고를 사용해야 할 경우에는 정식 유통 과정을 거친 재활용센터에서 새롭게 수리와 청소가 된 중고제품을 구매하는 것이 비교적 안전하다.

새 제품으로 구매한다고 해도 중고로 구매했을 때의 운송 비용, 사용 기간, 수리 비용, 시간 절감, 사용 효과 등을 따지고 보면 비슷하거나 조금 더 주고 사는 셈이다. 그래서 새 제품을 사는 사람들은 평생 새 제품을 사고, 중고를 사는 사람들은 평생 중고 제품을 산다. 순환의 틀을 갈아 타야 한다.

드럼 세탁기는 공간이 허락한다면 1인이나 4인 가구 할 것 없이 가급적 용량(Kg)이 큰 제품이 실용적이다. 수면의 질에 직접적으로 영향을 미치는 대형 침구류나 무거운 겨울옷 등의 세탁에도 무리가 없고, 빨래량이 많아도 끄떡없다. 오히려 모터에 무리가 덜 가기 때문에 전력 소비량도 줄어든다.

신축 하이엔드급 주상복합이나 오피스텔에 설치된 빌트인 세탁기들은 용량이 크지 않아 사용자들이 많은 불편함을 호소하곤 한다. 집은 초고가인데 주요 백색가전은 소형이니 이 얼마나 미련하고 어리석은 품목 구성이 아닐 수 없다.

또한, 평생 사용할 요량이라면 에너지 효율등급이 높은 세탁기를 구매할 수 있도록 한다. 적당량의 빨래를 일반코스로 세탁하면 전기 사용량도 줄일 수 있고, 필요시에 건조기를 활용할 수도 있다. 미니멀리스트라고 해서 무조건 세탁기도 없애고 소용량으로 줄이며, 손빨래만 하라는 것이 아니다. 가능한 한 본연의 기능에 최적화해 나의 라이프가 최상의 컨디션을 발휘할 수 있도록 하는 것이 핵심이다. 세탁은 매우 중요하니 말이다.

구매하고 나서 약 98% 이상의 시간 동안 멈춰 있는 세탁기는 가급적 고용량(Kg)이 유리하고, 매일 잠시 쉴 틈도 없이 24시간 동안 100% 가동되는 냉장고는 세탁기와는 달리 꼭 고용량(L)일 필요는 없다. 이것은 차량에서도 동일하게 적용된다. 하지만 미니멀리스트 가족의 경우, 깊이 68cm 정도의 600L급 양문형 냉장고를 사용한다면, 공간 활용도와 전기 효율이 뛰어나 만족도가 높기에 이것을 추천한다.

세 번째

내 인생의 레벨 업

미니멀 라이프를
이용하라!

물건을 비우면
돈이 들어오는 이유

물건의 생산자는 어떻게든 용도와 쓰임새를 갖다 붙여 새롭게 만들어 내서라도 사고 싶은 마음이 들도록 해서 생산된 물건을 소비자에게 판매한다. 물론 필요한 물건은 사야 한다. 그러나 생산자는 이 물건이 해소해주는 갈증을 매개로 소비자와 치열한 심리 싸움과 두뇌 싸움을 벌인다.

소비자인 미니멀리스트는 오히려 생산자적 관점에서 사물을 바라보고, 생산자 즉 판매자가 내려놓은 덫에 걸리지 않도록 해야 한다. 세상에는 정말 유용한 물건들도 많지만, 왜 제조 생산을 했는지 의문이 들 정도로 쓸모없는 물건들도 너무나 많기 때문이다. 자리를 차지하는 데에도 보이지 않는 돈이 들고, 버리는 데에도 또 푼돈과 시간이 들어간다.

생산자는 물건을 생산해 계속해서 합리적으로 소비자의 돈을 빼앗아 가고 그 대신 물건을 제공해준다. 소비자는 돈을 빼앗기는 대신 물건을 받아온다. 이는 마치 같은 수학 문제의 또 다른 해답풀이 과정과도 같은 중요한 원리다.

물건을 비우거나 버려야 재물복이 순환되어 돈도 들어온다. 물건을 구매하면 우리 집에 물건이 채워지는 대신, 결국 물건에 대한 물건값인 내 돈을 빼앗기게 된다. 단순한 말장난처럼 들리는가? 하지만 이것은 삶을 바꾸는 관점의 전환이다.

공간에 물건을 꽉 채우면, 물건도 재물도 들어오기 어려워지지만, 계좌에 돈이라는 재물이 들어앉아 있으면, 점점 이 계좌를 커지게 한다. 물건을 비우고 계좌의 숫자가 커질 수 있도록 관점을 바꾸어보자. 새로운 것들이 보일 것이다. 높은 차원의 계층에 있는 부류의 사람일수록 쓸데없는 부분에는 지나칠 정도로 홀대하고, 계좌의 크기에는 보이지 않는 노력과 집중을 한다.

부자(富者)행 막차에 올라타는 간단한 방법

미니멀 라이프를 추구하거나 직접 실천 중이라면 새로운 물건 하나를 사는 데도 과거보다는 좀 더 신중해진 것을 몸소 느낄 수 있을 것이다. 참으로 놀라운 일이 아닐 수 없다.

필자의 직업 특성상 과거에는 많은 사람들에게 소비는 줄이고, 수입이나 수익을 늘리라고 조언을 했다. 그러나 나 자신도 아닌, 고객이나 독자의 소비나 지출까지 조절하도록 하는 것은 이론과 현실 사이의 괴리가 너무나 크다는 것을 뼈저리게 느끼게 되었다. 사실 고객들 입장에서도 다 아는 사실인데 잘 바뀌지가 않는 것이 어쩔 수 없는 현실이었다.

그런데 미니멀 라이프라는 영역으로 들어서는 순간, 필자가 잔소리를 하지 않아도 알아서 스스로 소비에 대한 반성과 고민, 그리고 자각을 하게 되어 몸소 소비를 지양하게 되는 것을 목격할 수 있었다. 어처구니가 없지만 이른바 재테크 강의보다 수백 배는 더 효과가 있었던 것이다. 한편, 미니멀 라이프는 단편적으로 물건들을 버리는 것을 떠나 나의 삶을 가장 순수하고 행복감을 느낄 수 있는 상태로 만들어주는 라이프스타일이라고 감히 말할 수 있을 것 같다.

계좌나 신용카드에서 지출되고 소비되는 돈은, 마치 물이 새어나가듯 끊임없이 흘러나가려는 관성적 성질을 가지고 있다. 마치 매일 습관처럼 마시는 카페라떼나 담배처럼 아무 생각 없이 지출되는 푼돈 5,000원은 하루로만 생각하면 아무것도 아니다. 하지만 매일 지출되는 5,000원은 1년이면 150만 원, 10년이면 1,500만 원, 30년이면 4,500만 원이 지출되는 셈이고, 이 돈을 연평균 10% 정도 성장하는 인덱스(Index) 펀드로 매일 30년간 투자했을 경우, 약 6억 원이 넘는다.

즉, 사람마다 차이는 있지만, 라떼나 담배와 같이 매일 지출되는, 이른바 라떼 요인(茶因)을 제거하면 엄청난 결과를 가져올 수 있다. 30년 동안의 5,000원짜리 라떼 한 잔도 6억 원이 넘는 금액의 차이를 만드는데, 여러 가지 소비가 줄어들면 굉장히 큰 차이가 될 것이다. 하물며 월 고정지출이 1,000만 원씩 나가는 것을 개선한다면 어떻게 되겠는가?

미니멀 라이프 반열에서는 자연스럽게 한 번 더 소비가 통제된다. 나가려던 돈도 흘러나가지 않도록 통제해주는 관성이 아주 강력하게 작용하고, 시간이 지나도 새어나가지 않는 습관의 힘이 자동으로 작동된다.

1만 시간의 법칙도 습관이 만드는 것이다. 그래서 습관은 무섭다. 소비도 지출도 모두 습관에서 비롯된다.

필자는 이 습관적인 라떼 요인을 제거함으로써 확실히 지출이 원천적으로 통제되는 관성의 힘을 몸소 체감했다. 여기에 금연까지 성공하니 편의점만 갔다 하면 최소 4,500원, 음료수까지 합치면 더 많은 돈이 줄줄 새던 습관과 흐름이 완전히 사라졌다. 그 결과, 돈이 흘러나가지 않고 쌓이는 강력한 관성이 작동하고 있음을 다시 한번 깨달을 수 있었다.

어느 금융사 사장이 월급이 들어온 날은 직원들에게 간단한 금융교육을 하고, 그 돈이 들어온 기운 그대로 이어져서 바로 줄줄이 새어나가지 못하도록 최소한 하루는 그냥 두도록 하는 것을 목격했다. 이것은 돈이 새어나가지 않도록 하는 관성의 힘이 잘 작동하도록 행동이나 환경을 습관화시키는 교육이라 볼 수 있다.

무심코 소비하는 습관에서 꼭 필요한 것인지 한 번 더 심사숙고한 후 소비를 결정하는 습관으로 바뀌는 것은 평생의 지출 습관이 변화하고 있다는 일생일대의 아주 큰 사건임을 강력히 확신한다. 큰 바위를 깎아내는 것은 로또만큼이나 확률이 극히 떨어지는 한 방의 강력한 천둥·번개가 아니라, 수천 년 동안 뚝뚝 떨어지는 꾸준한 물방울이라는 사실을 절대 잊어서는 안 된다.

이미 부자들은 습관이라는 위대한 힘의 원리도 아주 잘 이해하고 있다.

그래서 부자가 된 사람들은 대부분 미니멀리스트라고 해도 과언이 아니다. 부자가 되려면 미니멀리즘을 이해할 필요가 있다. 물건을 비워야 마음과 부와 또 다른 가치를 채울 수 있다. 당신은 어떤 선택을 하겠는가?

선풍적으로 인기를 끌고 있는 오운완이라는 신조어는 '오늘의 운동을 완료한다'라는 뜻이다. 오운완의 아주 무섭고도 강력한 비밀이 하나 있다. 바로, 다른 것은 몰라도 무조건 그날의 할당량만 채우면 오늘의 운동이 완성된다는 것이다. 이는 습관의 힘과 그 중요성을 함축하고 있다.

더 나아가, 오늘의 운동만 계속 완성해나간다면 10년, 20년, 혹은 그 이상의 시간이 흐른 뒤에는 결국 엄청난 성취로 이어진다. 즉, 오운완만 지켜내면 10년이 완성되는 것이다. 거창한 계획이 아니라, 오늘의 운동만 묵묵히 완성해나가다 보면 어느새 습관이 되고, 그 습관이 쌓여 10년의 운동이 완성되는 것이다. 오운완은 단순한 유행어 같지만, 습관의 본질을 꿰뚫은 깊은 의미의 신조어라 할 수 있다.

개인연금도 마찬가지다. 20년 동안 매달 '이번 달만 납입한다'는 마음으로 소액을 꾸준히 넣으면, 어느 순간 커다란 연금 덩어리 하나가 완성된다. 라떼 한 잔이나 담배 한 갑처럼 무심코 흘려보낼 소비를 줄이고, 그 돈을 인덱스 펀드에 투자한다면 30년 뒤에는 무려 12억 원이 만들어진다.

이것이 바로 오운완의 아주 간단하지만 어마어마한 비밀이다. 너무 간단하다고 생각되는가? 미니멀 라이프와 마찬가지로 비기(秘技)는 항상 핵심적이고 간단하고, 명확하며 심플하다.

필자 역시 일종의 철봉 턱걸이, 즉 FM 풀업(Pull Up)을 1만 개를 달성하는 목표를 세운 적이 있다. '풀(ᅮ) 일 만(萬)'이라는 말처럼 1만 개라는 숫자는 언뜻 어리석고 무모해 보일 정도로 큰 목표였다. 하지만 그 큰 목표를 향해 오직 '오늘의 풀업'을 하나씩 달성해나가다 보니, 어느새 실제로 1만 개의 풀업을 해낼 수 있었다.

풀업 1만 개가 우습게 들릴 수 있어도 결코 하루아침에 달성할 수 없는 상당한 양이며 결코 작은 숫자가 아니다. 그러나 1만 개든, 100만 개든, 결국 오운완만 지켜나간다면 언젠가는 100만 개든 1,000만 개든 반드시 달성된다고 확신한다. 이것이 바로 습관의 무서운 힘이자 오운완의 비밀이다.

본격적인 100세 시대를 맞아 시간적·경제적 자유를 누리는 부자가 되고 싶은 사람이라면, 반드시 미니멀 라이프를 먼저 실천해보길 권한다. 이제 막 미니멀리스트가 된 당신은 비록 눈에는 보이지 않지만, 소비를 절제하는 습관이 자발적으로 형성되어 이미 '부자행 막차'에 올라탄 셈이나 마찬가지이기 때문이다.

필자는 20년간 고민했으나 해결되지 않던 소비 통제 가이드를 미니멀리스트분들의 미니멀 라이프 스타일을 몸소 체험해본 후에야 절실히 깨닫고 비로소 실마리를 풀 수 있었다. 소비 통제란 결국 스스로 해야만 가능한 일이다.

많이 버는 것도 중요하지만, 갈증 없이 소비가 통제되는 것은 소득이나 수입을 떠나 굉장히 중요하다. 살다 보면 수입에는 변화나 굴곡이 생기기 마련이다. 이러한 변화로 위기가 닥쳤을 때 미니멀리스트들은 이 위기에 수월하게 대처할 수 있을 뿐만 아니라, 생존 확률도 훨씬 더 높다. 더 나아가 오히려 위기를 지렛대 삼아 더 큰 부자가 될 가능성도 크다.

왜냐하면 대부분의 부자들이 몰락하는 과정을 들여다보면 큰 고정지출이라는 소비 항목이 부자들이 힘들어진 틈을 도미노처럼 연쇄적으로 강타해 무너뜨리기 때문이다.

따라서 뒤늦게라도 이 무서운 자본주의 세상에서 미니멀 라이프에 한 걸음 다가왔다면, 한편으로는 무척 감사해야 하지 않을까 하는 생각이 스멀스멀 든다.

집에 공간이 부족한 것이 아니라 물건이 많은 것이다

신혼이거나, 싱글이거나, 미혼이거나, 자녀가 없거나 아직 어리거나, 혹은 자녀가 이미 독립해 부부만 있는 경우, 주거 전용면적으로 약 12~14평 정도의 소형 평수라도 미니멀 라이프를 살고 있는 사람에게는 실제로 매우 여유로운 공간이 나온다.

이 깨끗하고 트인 공간에서는 재물복이 들어오는 소리가 들리고 좋은 기운이 느껴진다. 미니멀 라이프를 실현한 전용면적 13평대는 그야말로 운동장이 되어버린다. 즉, 미니멀화가 된 10평 초중반 대의 아파트는 절대 작은 공간이 아니다. 공간이 작은 것이 아니라, 물건이 많았던 것이다. 물론 자산이 많아 여유롭다면 집의 가격이나 크기에 관계가 없겠지만, 그렇지 않다면 노후에 다가갈수록 굳이 무리하거나 사서 고생할 필요는 없다.

주택담보대출 역시 집값의 상승과 하락을 떠나 장기적인 부담을 주는 것은 엄연한 사실이다. 사서 고생은 젊었을 때나 하는 것이고, 인생의 후반부에는 중장기적인 마라톤인 노후를 안정적으로 준비해야 한다.

죽을 각오가 아니면
하면 안 되는 자영업

자영업은 철저히 주의해야 한다. 프랜차이즈 역시 비용이 너무 많이 들고 순이익이 생각보다 현저히 떨어지는 구조이기 때문에 강력히 지양하도록 한다.

《나는 연금 최적화로 매월 남들보다 연금을 3배나 더 받는다》에서도 1억 원의 가치가 있는 커피숍(자영업) 창업 스토리에 대해 아주 자세히 언급했는데, 자영업을 하기 전에 필독한다면 상당히 큰 도움이 될 것이다. 이로 인해 실제로 많은 고객분들의 노후 고생을 예방할 수 있었다. 시중에서 낱낱이 듣기 어려운 내용이지만, 현실의 자영업 현장에서는 이와 같은 일들이 너무 자주 벌어지기에 철저한 준비와 신중함이 그 어느 투자보다 중요하다.

나이가 40~50세만 넘어가도 자영업을 감당할 수 있는 신체 능력은 급격히 떨어진다. 그렇다고 직원에게만 맡겼다간 인건비가 매출을 잡아먹게 된다. 부동산 공인중개사 사무소에 올라오는 수많은 가게 매물 중에는 사장님 본인의 건강이 나빠져 가게를 내놓는 경우가 많다. 이는 어찌 보면 너무도 당연한 일이다. 가게는 문을 여는 순간부터 하루도 쉴 수 없게 만들고, 어느새 가게가 감옥이 되어버리기 때문이다.

서울대 출신 박사님이라 해도 자영업 세계로 들어서면 그 분야에서는 세상 물정 모르는 유치원생이 된다. 장시간 동안 갈고닦은 요리를 콘셉트화해서 브랜드로 만들고, 목숨 걸고 손님에게 최선을 다하겠다는 각오가 아니라면 애초부터 시작하지 않는 것이 결과적으로 훨씬 유리하다.

한편, 모든 자영업 사장님들의 바람은 직원들이 마치 현대그룹의 정주영 회장처럼 자기 일같이 생각하고 일하는 것이다. 하지만 참으로 이상한 일이지만, 현실에서 직원들이 자기 일처럼 한다 해도 결국 사장님의 기대에는 대부분 크게 못 미친다. 답답한 노릇이다.

고도의 압축과 정리에서 파생되는 힘과 속도

과거에 영어 공부를 기막히게 한 적이 있었다. 처음부터 목표를 낮게 잡았기 때문에 영어 문제집의 수준도 그다지 높지 않은 것을 선정했다. 수준이 낮고 두께도 얇으니 술술 진도가 나갔고, 모르는 단어도 한 권에 약 50개 정도 밖에 나오지 않았다.

당연하게 들릴 수도 있지만, 나에게는 알맹이인 이 50개의 단어가 영어 단어장에 기록되어 단 한 장으로 압축되었다. 공부 만족도가 매우 높았던 영어 교재는 이제 빈 껍데기이므로 폐지로 버려졌다. 사실 이렇게 되어야 한다. 성취감을 얻는 데에도 큰 도움이 되었고, 흥미도 고조되었으며, 단어들도 어렵지 않게 자연스럽게 익힐 수 있었다. 한 장에 모르는 단어가 정리되니, 또 새로운 유익한 책이 내 손에 들어올 수 있었다.

영어 단어장에 빽빽하게 적힌 5장은 영어 교재 10권을 공부하고 얻을 수 있었던 분량과 맞먹었다. 이 5장의 압축된 단어들은 내게 엄청난 학습의 힘이 되었고, 훑어보는 데에도 엄청난 속도를 내는 효과를 가져왔다. 나중에는 500개 정도의 단어 중에서도 헷갈리는 수십 개 단어에 빨간 줄과 밑줄, 동그라미, 형광펜 등을 표시했다. 시간이 지날수록 모르는 단어는 줄어들었고, 마지막에는 몇 개만 남았다. 단어장에 적힌 단어들은 반복적으로 눈에 익어 더욱 친숙해졌다.

미니멀 게임이든 정리 정돈이든, 비움과 압축의 과정을 겪으면 물리적으로는 단순하고 적은 물건일지라도 마치 영어단어장처럼 엄청난 양을 압축하고 함축하는 효과가 나타난다. 이 압축과 정리로부터 눈에 보이지 않는 힘과 속도가 파생되기 때문에, 다른 일을 할 때도 능률이 기하급수적으로 올라간다. 마치 가면 갈수록 영어단어 학습의 흥미도 더 탄력이 붙게 되는 것과 같은 이치다.

책도 그렇다. 정말 읽고 싶은 책 한 권만 집에 있어도, 나도 모르게 그 책을 여러 번 읽게 된다. 많이 줄였지만, 책만큼은 아직 많이 남아 있다. 무조건 다 비워야 한다는 강박을 가질 필요는 없다. 자신만의 특성을 살리면 된다. 즉, 미니멀 라이프에도 자신에게 맞는 최적화가 필요하다.

고도의 압축을 통해 얻을 수 있는 힘과 속도가 바로 미니멀 라이프를 실천했을 때 얻게 되는, 1차가 아닌 2차·3차적으로 비로소 느낄 수 있는 큰 선물이자 보물이다. 큰 보물은 누구나 가져가라고 눈앞에 드러나 있는 것이 아니라, 언제나 보잘것없는 구석에 깊이 숨어 있기 때문이다.

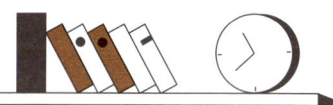

사람은 두 가지 일을 동시에 하기 힘들다

한 번에 두 가지 이상의 일을 동시에 처리하는 것을 이른바 멀티태스킹(Multitasking)이라고 한다. 막상 책상 앞에서 일을 하다 보면 두 가지 일이 겹쳤을 때 하나씩 야무지게 끝내지 못하고, 어느 순간 다른 일을 잊어버리거나 결국 둘 다 흐지부지 끝나는 경우가 많다.

한 예로 한 사람과 전화 통화를 하면서 합리적인 다른 사고를 하는 것이 꽤 어려운 일이라는 것을 알 수 있다. 둘 다 집중이 되지 않거나 한쪽을 흘려듣게 되고, 언젠가는 반드시 한쪽을 놓치게 된다.

즉, 음악을 들으며 운동하거나 통화하면서 청소하는 등의 가벼운 일을 제외하고는 인간이 고난이도의 멀티태스킹을 완벽히 이행하는 것은 불가능에 가깝다. 자동화 시스템이 갖추어지지 않은 상태에서 동시에 여러 일을 벌이면, 생각보다 훨씬 많은 일을 해내지 못한다.

다시 말해, 메일을 보내는 사소한 일조차도 하나하나 제대로 해야 매끄럽게 마무리하고 넘어갈 수 있다. 물론 두 가지를 동시에 할 수 있는 일들도 있을 수 있겠지만, 대부분은 두 가지 일을 동시에 제대로 하는 것은 힘들거나 결론적으로 비효율적이다.

그래서 어느 순간부터는 쓸데없는 일들을 만들지 않고, 여러 가지 일을 하는 것보다는, 한 가지 일에 집중해서 잘 마무리하는 것을 더 선호하는 경향이 생겼다. AI 시대에 살고 있는 지적 고등생명체인 인간의 머리는 모두 하나뿐이다. 머리 셋 달린 삼두룡(三頭龍)도 아니고, 동시에 두 가지 이상의 일을 처리할 수 있는 고성능 듀얼코어나 다중코어 CPU도 아니다.

동시에 이것저것 여러 일을 하는 것보다 하나의 일을 빠른 시간 안에 집중해서 완성한 다음, 그 다음 일로 넘어가는 것이 시간 활용에 있어 두 배 이상으로 유리할 뿐만 아니라, 효율도 높아진다. 특히 고도의 집중력을 발휘해 중요하거나 어려운 일을 먼저 하면 일의 효율이 극대화된다.

두 가지 일을 펴놓고 이것저것 동시에 한다는 것은 마음이 급하다는 것을 의미한다. 마무리되지 않은 일들이 계속 쌓이면서, 마음만 조급해진다. 제대로 일 처리 하나 안되면서 이것저것 일만 쌓이고, 다른 일을 하면서도 이 일이 번뜩 생각이 나기도 한다. 이 얼마나 비효율적인 일인가.

다른 사람과 대화를 할 때도 마찬가지다. 듣는 것은 말하는 것 이상으로 중요한데, 잠시 한눈을 팔거나 상대방과 대화는 하고 있어도 잠시 머릿속으로 딴생각을 하게 되면, 바로 앞에서 상대방이 아주 상세하게 설명하고 있어도, 한 쪽 귀로 듣고 한쪽 귀로 흘린 것처럼 도무지 이해도 되지 않고, 무슨 말을 하는지 기억에 남지 않는 것을 경험할 수 있을 것이다. 내가 열심히 말을 하고 있을 때도 상대방이 핸드폰의 중요한 내용을 계속해서 확인한다면, 말이 끊기고 생각이 끊기며 흐름이 끊겨 버린다.

이처럼 사람은 일이나 대화, 더 나아가 운동이나 활동까지도 대부분 두 가지 일을 동시에 하기 어렵다. 시도는 할 수 있겠지만, 더 빨리 끝내고자 동시에 시도했던 것이 오히려 훨씬 더 많은 시간을 소모하게 되는 결과를 초래하게 된다.

운과 돈이
따라오는 수집

모든 부동산은 결국 평당 면적 대비 가격이 결정되고, 대출이 있다면 그 대출금액에 대한 공간만큼은 반드시 그 가치를 발휘해야 한다. 그런데 쓸데없는 물건들이 구석구석 처박혀 있다면, 실상은 그 비싼 대출이자를 내면서 아무짝에도 쓸모없는 물건을 모셔두는 셈이 된다.

어떤 물건을 너무 좋아해 수집을 한다면, 그 물건의 가치가 과연 내 정신적 가치보다 소중하거나 우월한지 따져볼 필요가 있다. 특별한 일이나 전문성에 연관된 본인만의 필요성이 없다면, 수집으로 인한 잠재 유지비용이 얼마나 큰지 모른다. 그래서 '수집은 또 하나의 저장 강박증'이라는 말이 있을 정도로 수집의 본래 의미가 많이 퇴색되었다.

왜 나의 노동을 갈아서 돈을 벌고, 다시 비싼 돈을 내고 물건을 모시고 살아가는가? 이것이 바로 사람이 힘들게 벌어와서 비싼 유지 비용을 들여가며 물건을 모시는 꼴이라는 것이다. 우리 사회에는 이런 사람들이 아주 많다. 이렇게 되면 시간이 갈수록 사람들의 등골이 휘게 된다. 이는 매우 중요하므로, 만약 이 글을 접했다면 심각하게 생각해보아야 할 문제다. 절대 우습게 생각할 문제가 아니다. 좁은 공간이 문제가 아니라, 쓰지도 않고 쓸데도 없는 물건들이 많은 것이 가장 큰 문제다.

한 번은 매일 분 단위로 시간 관리와 목표 달성을 하며 30년간 다이어리를 써오고, 회사에서 우수한 성과를 내고 퇴사한 유명 강사가 있었다. 그는 시간 관리, 목표 달성, 성공 등에 대한 강의를 했고, 운 좋게도 회사에서는 우수 영업사원들에게 그 강의를 들을 수 있는 기회를 제공해주었다. 강사는 여행 캐리어를 10개나 들고 와 그 안에 가득 찬 다이어리 약 100여 권을 청중들에게 펼쳐 보였다. 그 순간이야말로 "백 번 듣는 것보다 한 번 보는 것이 낫다"라는 것을 절실히 깨닫게 해주는, 한마디로 백문불여일견(百聞不如一見)의 순간이었다. 필자 또한 다이어리 100권을 모두 보고, 강사의 매 순간의 기록과 생각을 엿보고 싶은 충동이 굴뚝같이 일었다.

수집 역시 이와 같이 제대로 해야 한다. 어설프게 하면 공간을 차지하다가 결국 쓰레기가 되지만, 전문성을 살려 제대로 하게 되면 박물관에 모셔질 수도 있고, 공공기관에 전시될 수도 있다. 나아가 아주 유용하게 활용되어 돈을 벌어다 주는 효자노릇을 하는 보물이 될 수도 있다.

인간은 제품 성능의 60%조차도
제대로 활용하지 못한다

많은 사람들이 사용하는 물건이나 제품들을 살펴보면, 그 물건이 지니고 있는 최신 기능이나 최대 성능의 60%조차도 활용되지 못한다. 예를 들어, 우리가 하루 종일 사용하는 최신 핸드폰만 해도 그렇다. 기계 성능뿐만 아니라 요금제까지도, 평범한 직장인 생활을 하는 사람이라면 24시간이라는 하루 시간 안에서 실제 활용에는 분명 한계가 드러난다. 그런데도 완전 무제한 요금제를 쓰지 않으면 왠지 불안하고 초조해지며, 이상하게 마음마저 불편해진다.

하지만 현실적으로 따져보면, 정상적인 생활을 하는 사람이라면 6~7시간은 숙면을 취해야 하고, 8시간은 일해야 하며, 1시간은 운동을 해야 한다. 식사 시간 1시간, 씻거나 화장실 가는 시간 1시간, 가족이나 배우자와 대화하는 시간 1시간, 독서하는 시간 1시간, 문화생활에 쓰는 시간 1시간…. 이렇게 따지고 보면 정작 핸드폰을 온전히 쓸 수 있는 시간은 몇 시간이 되지 않는다.

아무 일도 없는 백수라면 모를까, 보통의 삶을 사는 사람에게 고속 무제한 요금제가 정말 필요할까? 하물며 넷플릭스, 쿠팡플레이, TV, 각종 구독 서비스까지 함께 이용한다면 하루에 도대체 몇 시간을 핸드폰에 쓰려고 무제한 서비스를 고집하는가 하는 의문이 든다. 물론 기업들은 교묘하게 불편함을 만들어놓았고, 사람들은 이미 고가의 무제한 요금제에 길들여져 있다. 결국 기업의 천재적인 마케팅이 사람들을 무제한 요금제 강박증 환자로 만들어버린 셈이다.

일부 예외는 있겠지만, 자세히 따져보면 실제 활용은 10~20%에도 미치지 못하는 경우가 많다. 심지어 어떤 물건들은 창고에 처박혀 아예 사용조차 되지 않은 채 방치되기도 한다.

결국 모든 것은 우리의 마음가짐의 문제다. 서비스나 상품의 성능을 한두 단계 내려도 크게 지장이 가지 않는다. 오히려 활용도는 더 높아질 수 있다. 책도 한 권만 있으면 반복해서 읽게 되고, 그 안의 숨은 의도나 비하인드 스토리까지 독파하게 되면서 깊은 깨달음에 다다를 수 있듯이 말이다.

결국 마지막에
남는 단 하나

만약 집에 불이 나서 맨몸으로 뛰쳐나와야 한다면 누구나 어리둥절할 것이다. 노벨문학상을 수상한 소설가 한강은 위기의 상황에서 아마 USB 하나만 들고 뛰쳐나올 것 같다고 했다. 목숨과 비교할 수는 없지만, 마치 목숨만큼이나 소중한 그 마지막 하나가 여러분에게는 무엇이라고 생각되는가?

예전에는 잘 몰랐으나, 필자 역시 오랜 시간 동안 물건을 비우고 정리하며 압축하는 과정을 거쳐 미니멀화의 후반 국면에 이르자 결국 외장하드, USB, 주요 서류철, 그리고 핸드폰 정도만 남는다는 사실을 깨달았다. 더 나아가 최후의 소중품들은 화장한 유골함 정도 크기의 작은 박스 하나에 담아둘 수 있는 경지에까지 이르렀다. 요즘 유행하는 수납이라는 개념 자체가 무색해지는 순간이었다. 압축이 되면 수납도 용이해진다.

그러나 한눈에 파악되지 않는 수납은 결국 시간 낭비일 뿐이다. 수납은 또 다른 복잡한 수납을 낳고, 자칫하면 배보다 배꼽이 커져 주객이 전도된다. 그래서 미니멀 환경이 갖추어지면 정리정돈이나 수납도 사실상 크게 필요 없어지며, 물건이 거의 비워졌을 때야 비로소 수납이 자연스럽게 쉬워지는 법이다. 아주 당연하고 단순한 답변 같지만, 수많은 물건을 정리하는 과정을 거쳐 나 자신을 압축하는 시간을 통과한 후에야 비로소 무엇이 진정으로 중요하고 소중한지 깨닫게 된다.

사실 반만년의 역사를 지닌 대한민국에도 본래 고유한 방식의 미니멀 라이프가 존재해왔다. 이후 미니멀 라이프와 더불어 파이어족(FIRE)이라는 개념이 상륙한 지도 오래다. 하지만 필자는 단순히 트래픽을 끌어올리거나 과도한 도파민 자극을 위해 극단적인 미니멀이나 파이어를 추구하지 않았다. 자본주의 에너지 사회에서 실질적인 목표라 할 수 있는 '부의 달성'을 위한 효율성에 가장 큰 가치를 두고, 미니멀과 파이어를 재조명하며 집필하게 된 것이다.

늘 뒤늦게 느끼는 사실이지만, 준비가 되어 있지 않으면 결국 뒤죽박죽 섞여 혼돈 상태가 되어버린다. 그렇게 되면 무엇이 중요한지, 무엇이 중요하지 않은지조차 구분하기 힘들어진다. 이러한 이유로 미니멀 라이프가 정착하고 확산되어 각광을 받은 지도 어느새 10년이 지났다. 필자는 그 장단점을 걸러내고 풍수적 관점까지 접목시켜, 장기간에 걸쳐 삶과 경제에 무의식적으로 영향을 주며 부를 쌓아가는 한국형 미니멀리즘으로 재조명하게 되었다.

분명 가격이 있지만,
가격표가 달리지 않은 것

세상에 있는 대부분의 물건이나 상품 및 서비스에는 가격이 존재하고 가격표가 달려 있다. 한 변호사가 원고로부터 수임한 민사소송 건의 8년 전 금액이 2억 7,000만 원이었다. 이 금액은 시간이 지남에 따라 화폐가치가 떨어져서 그렇지, 액면상으로는 여전히 2억 7,000만 원을 의미한다. 물론 법정에서는 판결 시 연 12%의 이율로 이자가 붙지만, 그와 별개로 청구금액이라는 가격표는 언제나 2억 7,000만 원 그대로다. 세상의 모든 것에는 가격표가 달려 있는 셈이다.

하지만 시간에는 일반적으로 가격표가 붙어 있지 않다. 물론 시간과 인건비를 포함해 비용을 계산하기도 하지만, 변호사가 어떤 사건을 위해 10시간을 준비했든 300시간을 준비했든 그 시간마다 별도의 가격표가 붙지는 않는다. 300시간을 더 노력했다 해도, 시간 단위로 값을 매겨주는 사람은 없다.

그러나 사실은 그렇지 않다. 자본주의 세상에서 모든 것에 가격표가 있듯이, 시간에도 눈에 보이지 않는 가격표가 붙어 있다. 단지 우리가 그것을 인식하지 못할 뿐이다. 그래서 진짜 부자들은 언제나 이 시간을 가장 소중하게 생각한다. 유한한 자원 중에서도 시간만큼은 쉽게 확인되지 않는 숨은 가격표를 가진다.

필자 역시 어느 순간부터 물욕이 없어지면서 시간과 가치를 생각하는 시간이 많아지기 시작했다. 보이지는 않지만, 이 시간들의 가격표를 구분하는 시야가 트이기 시작했다. 원래 진짜 비싼 물건에는 가격표가 붙어 있지 않다. 가격을 매길 수 없으니, 부르는 게 값이기 때문이다.

예를 들어, 60세인 어떤 사람이 친구의 권유로 강남의 사업설명회에 들렀다고 하자. 그는 그 하루의 시간을 허비한 것이 얼마나 큰 손실인지 알고 있을까? 돈이 직접 나가지 않았다고 해서, 비용이 들지 않은 것은 아니다. 시간에도 분명히 값이 있다. 우리는 그것을 간과할 뿐이다.

한편, 미니멀리스트는 시간이라는 것이 얼마나 소중한 것인지를 이미 이해하고 있다. 물건으로부터 자유롭고, 쓸데없는 곳에 시간이 낭비되지 않고, 나를 위해 가급적 시간이 가치 있게 활용되는 것을 매우 선호한다. 그래서 미니멀리스트는 부자가 될 자격이 있고, 이미 부자가 되어가고 있거나 실제로 부자인 경우가 많다.

비울 것은
물건만이 아니다

악질의 범죄자를 제외한 평범한 인간들 사이에서도 나쁜 평판이 있는 특정 사람들을 나쁘다고 할 수는 있다. 하지만 사람도 자연의 현상과 마찬가지로, 관계 개선을 위한 노력 여부와 관계없이 상대적으로 결이 같지 않아 나쁘다고 여겨지는 경우가 많다. 그래서 똑같은 사람이라도 사람마다 다른 평가를 받게 된다.

자연에서도 물은 나무를 살리기도 하지만(水生木), 불을 꺼서 죽이기도 한다(水尅火). 나무 입장에서 물은 생명의 은인이지만, 불의 입장에서는 물이 적이 된다. 한편, 나무는 불을 살려 활활 타오르게 하지만(木生火), 흙에 너무 많은 뿌리를 내리면 흙을 장악해버린다(木尅土). 오히려 흙이 좋고 기름지려면, 나무가 타서 재가 되거나 죽고 썩어서 비료가 되어야 한다. 불 입장에서 나무는 좋은 연료가 되지만, 흙 입장에서는 나무가 방해물이 될 수 있다.

나무는 불이 활활 타오르게 도와주어 서로 간에 상생작용이 일어나지만, 불에 일정량 이상의 물을 끼얹어버리면 불이 꺼져 물과 불에는 상극작용이 일어난다. 나무와 불(木生火)은 상생이 되지만, 불과 물(水剋火)은 상극이 된다. 나머지 오행들도 모두 상대적 관계에 있다.

세상 사람들도 마찬가지다. 나와 머털이는 죽이 잘 맞는데, 나와 홍길동은 아무리 해도 잘 맞지 않는다. 예외는 있겠지만, 그렇다고 꼭 홍길동을 나쁜 사람이라 단정지을 수는 없다. 홍길동 입장에서도 나를 나쁜 사람이라 말할 수 없을 것이다. 마치 여우와 두루미처럼 결이 달라 서로 맞지 않을 뿐이다.

불에 적당한 소량의 물을 끼얹으면 불은 꺼지지 않는다. 내 삶의 가치를 최우선적으로 생각한다면, 이처럼 홍길동과도 적당한 관계를 유지하면, 덜 스트레스를 받고 덜 영향받을 수 있다. 반면, 불에 적정량 이상의 물을 끼얹으면 불이 꺼져버리듯, 홍길동과 일정 수준 이상 관계가 복잡해지면 골도 그만큼 깊어진다.

사람들과의 관계를 오행(火水木金土)이 아닌 융(Carl Jung)의 분석심리학적 관점에서 세분화해 설명하고 있는 MBTI로도 설명이 가능하다. 융은 저명한 정신과 의사였고, 주역이나 동양의 여러 사상에도 깊은 식견이 있었다.

삶의 현재 가치를 최적화하고, 행복감을 높이며, 쓸데없는 곳에 에너지를 낭비하지 않는 것이 미니멀 라이프에서의 지향점이다. 미니멀리스트의 관점에서 자신과 맞지 않거나 상극의 관계를 초래하는 경우, 최소한의 관계만 하거나 절연하는 것도 방법일 수 있다.

효율적인 시간 관리를 떠나서, 인관간계가 지나치게 많을수록 삶은 복잡해지고, 정작 중요한 일에 집중할 수 없게 된다. 복잡한 인간관계를 자랑으로 여기는 사람들 중에서도 결국은 건강 문제로 이 관계 활동에서 하차하는 경우가 많다.

따라서 물건뿐만 아니라, 사람을 비우는 것이 필요하다. 불필요한 사람들과 인생을 탕진하지 않도록 한다. 내 기준에서 보면 그런 사람들은 소중한 시간을 훔쳐가는 도둑일 뿐이다. 사람을 비우지 않으면, 나이 80~90이 되어도 암세포만 끓어오르며, 가치 없는 흑역사(黑歷史)의 스토리만 계속해서 에너지 낭비의 도마 위에 오르락내리락 할 수 있다. 정작 중요하고 소중한 것이 무엇인지 알아야 한다.

실제로 나이가 들어서도, 40~50년 전의 사소한 일화를 두고 여전히 극도의 분노를 드러내는 노인들이 많다. 그럼에도 계속 만나고 다투는 모습을 보면, 그 노인이 가지고 있는 품격도 현저히 떨어져 보인다. 한 번이라도 진지하게 생각하고 행동으로 옮겼다면 습관적으로 관계를 이어가지는 않았을 것이다.

극단적인 상황을 가정해보자. 설령 현대 문명을 누리지 못한 채 무인도에 남녀 단둘만 있어도 살아가는 데는 아무 지장이 없다. 어쩌면 이것이 지극히 단순한 자연의 원리일지도 모른다. 각자의 미니멀 라이프가 완성되면, 최첨단 가전제품을 쓰기도 하지만 원시시대의 도구와 원리를 적용해 살아갈 수도 있다.

핸드폰에 저장된 불필요한 번호나 의미 없는 연락처들을 정리하는 것도 마찬가지다. 물리적인 물건을 비우는 시간만큼이나 많은 노력이 들어간다. 미니멀 라이프에 어느 정도 적응해 물건을 정리했다면, 그다음에는 마치 한 달 뒤 죽음을 앞둔 사람처럼 핸드폰 연락처를 비우는 작업이 필요하다.

정신병을 완전히
극복하는 비법

내 고객분들 중에는 우울증, 불안증, 정신분열증, 강박증, 공황장애, 알코올중독, 조현병, 결정장애, 외상 및 스트레스 관련 장애 등 각종 정신질환을 극복한 사례가 적지 않다. 이분들이 공통적으로 말하는 것은, 근본적인 정신질환을 빠르고 효과적으로 극복하는 핵심은 정신과 치료도 치료지만, 결국 땀 흘리는 꾸준한 운동이라는 점이다.

정신질환을 극복한 사람들이 간증해주는 적지 않은 완치 극복사례들이 있다. 하지만 보통의 대중들은 이 원리를 잘 이해하지 못하거나, 굳이 믿으려 하지 않는 경향이 있다. 꾸준히 땀을 흘리며 운동한다는 것은 아무것도 아닌 일 같지만, 어쩌면 현실적으로 매우 어려운 일이기 때문이다. 땀 흘리며 운동을 한다는 것은 집 근처 공원에서 잠깐 걷는 것을 의미하는 것이 아니다.

과거, 아이돌 그룹 태사자의 리더 김형준 씨도 화려했던 연예계 활동이 뚝 끊긴 후에 우울증, 대인기피증 및 공황장애 등으로 일상생활이 힘들 정도로 굉장히 힘들어했다. 이후 쿠팡 택배업을 시작한 이후 많이 밝아지고 몸도 마음도 많이 편해졌다고 한다. 택배업을 통해 수입도 늘어나고 현재까지도 매우 열심히 일하고 있다. 예능뿐만 아니라, 택배일의 홍보대사로서의 역할도 톡톡히 해내고 있다. 단순히 택배일이 잘 맞아서 그런 것이 아니다. 이것은 마치 지구력 운동인 셔틀런과도 같은 택배일을 함으로써 점차 정신적인 부분이 치유된 사례라 할 수 있다. 다져지는 강인한 육체는 살아 있다는 것을 느끼게 해줄 뿐만 아니라, 강력한 정신력을 만들어내기 때문이다. 그래서 힘들수록 반드시 땀 흘리는 운동을 하고 봐야 한다.

한편, 자사 고객분들 중에 이혼을 겪은 사례가 많다. 오랜 시간 직간접적으로 보아왔기에 이혼이라는 것은 당시의 당사자에게 얼마나 큰 정신적 충격과 고통, 그리고 삶의 혼란을 줄 수 있을지를 너무나도 잘 알고 있다.

과거, 신세계 그룹 정용진 회장도 이혼으로 인해 심적·정신적으로 매우 큰 고통을 겪으며, 업무를 할 수 없을 정도로 힘들어하고 방황했다. 그때 그의 어머니께서 매일 약 10km 구간을 뛰어서 출근하도록 한 일화는 매우 잘 알려져 있다. 이 역시 단순히 달리기를 하는 것 자체가 중요한 것이 아니다.

매일 회사까지 뛰어서 출근하라고 한 이명희 명예회장의 지혜는 사업 이외로의 출중한 신의 한수라 할 수 있었다. 몇 개월간을 실행에 옮긴 정용진 회장의 끈질긴 실행력은 마치 10 : 0으로 지고 있는 상태에서도 운동선수가 감독의 지시를 한 치도 의심치 않고 묵묵히 최선을 다한 신뢰와 믿음의 결과물이라 할 수 있다. 보통 저 정도 상황이 되면 맞는 말도 잘 따르지 않는 경우가 대부분이기 때문이다.

오운완 러닝을 해본 사람은 잘 알겠지만, 몇 개월간 매일 10km를 달리는 것은 결코 쉬운 일이 아니다. 그러나 정용진 회장은 이를 통해 강인한 정신력을 길러내며 위기를 극복할 수 있었고, 유통업계에서 새로운 성과를 만들어가고 있다. 이와 같이 몇 개월 동안 러닝을 하게 되면, 내가 믿지 못했던 새로운 일들이 일어나게 된다. 아마 해본 사람은 이 말을 이해할 것이다.

강박증이나 공황장애 등의 정신질환으로 방송을 하차하거나 심지어 극단적으로 자살을 하는 연예인들을 보게 된다면, 지금 바로 다 때려치우고 땀 흘리는 운동을 하라고 강력하게 말해주고 싶다. 모든 것을 내려놓고, 매일 땀 흘리는 운동을 하면 어느 순간 정신병이나 정신질환이 근본적으로 말끔하게 해결될 수 있다고 아주 강력히 확신한다.

약은 잠시 고통을 몽롱하고 망각하게 해주는 진통제일 뿐, 근본적인 치료가 되지 못한다. 물론 약물적 안정이 향후 운동을 통해 강인한 정신력이 자라날 시간을 벌어주는 역할을 하기도 하지만, 결국은 내가 직접 일어나야 한다.

즉, 미니멀 라이프든, 파이어든, 오운완이든, 내 삶의 루틴 속에서 운동은 반드시 필요한 요소다. 그래서 스스로 이 원리를 깨달은 부자들은 예외 없이 땀 흘리는 운동을 매우 열심히 한다.

남들은 나에게
아무런 관심이 없다

알고 보니 걸치는 옷이 몇백 벌도 넘는다는 사람이 옷을 자주 바꿔 입고 나왔다. 상대방 입장에서 약간의 시선 차이는 있을 수 있지만, 사실은 그냥 그러려니 할 뿐, 1년 내내 옷이 바뀌는 것에 큰 관심을 두는 경우는 드물다. 대부분의 인간은 무의식 속에서 자기중심적으로 사고하기 때문이다. 특별한 상황이 아니면 남에게 크게 신경 쓰지 않는 법이다. 오히려 잘 관리된 옷을 깔끔하게 입고, 친절하고 유쾌한 태도로 컨디션이 좋을 때가 훨씬 더 보기가 좋다.

동일한 관점에서 옷이 몇 벌 없는 필자가 잘 세탁한 옷 몇 벌을 계속 돌려 입어도 상대방은 크게 신경조차 쓰지 않는다. 오히려 궁금해서 반대로 내가 물어보면 전혀 몰랐다고 하는 경우가 많다. 필자의 흰색 와이셔츠나 티셔츠 같은 경우가 그러하다. 잘 관리되어 말끔하게 세탁된 흰색이 새 옷과 같은 기분의 상쾌함을 주는 것이지, 반복해서 입는다고 해서 꼭 티가 나거나 질리는 것이 아니다.

물론 연예인들은 다양한 옷을 풍부하게 갖추고 패션 메이커처럼 생활 속에서도 패셔니스트가 되어야 할 때가 있다. 그러나 일반인의 입장에서는 어마어마한 세탁, 관리, 보관, 수선 같은 유지 비용이 뒤따른다. 분명 장점도 있지만, 그것을 무조건 부정할 필요도 없다.

일반적으로는 수백 벌, 아니 그 이상의 옷이 있어도 결국 자주 입는 옷만 입게 마련이다. 그러다 보니 관리가 잘 되지 않는 옷들도 생기고, 세탁소 비용도 은근히 많이 들어간다. 옷도 소모품이라 변질이 되기 때문에 계속 관리를 해주어야 한다. 세상의 모든 것에는 그야말로 유지관리 비용이 계속 들어간다.

반면 옷의 종류는 많지 않지만, 깔끔한 스타일의 깨끗한 옷에 운동으로 다져진 몸매, 말끔한 피부, 잘 다듬은 헤어스타일이 더해진다면, 반복되는 코디라 해도 누구도 문제 삼지 않는다.

즉, 모든 것은 결국 자신의 만족과 마음먹기에 달려 있다. 마음이 지어내는 것(一切唯心造)이다. 잘 관리된 A급 옷 몇 벌과 티셔츠 몇 장으로도 결핍을 못 느낄 수 있고, 옷이 수백 벌 있어도 늘 입을 옷이 없다고 불평할 수도 있다. 옷이 너무 적을 필요는 없지만, 지나치게 많으면 공간만 차지하고 회전율은 떨어지게 마련이다.

옷이나 외적인 것에 대한 갈증이 지나치게 크면 심리적 결핍이 있을 수 있다. 자존감이 낮거나 자신감이 부족할수록 고가의 옷을 과시하려는 경향이 커지기도 한다. 하지만 대부분의 경우, 사람을 만났을 때 오래 기억에 남는 것은 상대의 옷 브랜드나 가격이 아니다. 오히려 상대방의 생각, 대화, 표정, 말투, 웃음, 유머, 가치관, 청결함, 성과 같은 것들이 더 강하게 남는다. 이 중 청결도 한몫한다.

한 번은 필자가 상대방에게 고기를 사는데, 상대방이 자신이 입고 있는 티셔츠가 약 100만 원 정도라고 자랑을 늘어놓았다. 그러다 이야깃거리가 옷에서 시계로 옮겨갔고, 다시 시계에서 차로 옮겨갔다. 이해는 하겠다만은 그다지 유쾌하지 않았고, 티셔츠값을 전혀 하지 못한다는 느낌이 들었다.

고가의 옷이나 차량 등의 사회적 품위가 격상하면, 그만큼의 품위 유지 비용이 들기 때문에 오히려 고기도 사야 하는 것이 이치다. 그래서 우리 선조들께서도 무턱대고 돈 자랑이나 있는 척을 하지 말라고 했던 것이다. 돈 자랑으로 인한 도파민이나 쾌감은 아주 짧게 끝나지만, 적절한 처세가 이어지지 못하면 오히려 품위가 무너질 수도 있고, 되레 위화감이 생길 수도 있기 때문이다.

확실히 금연(禁煙) 할 수 있는 방법론

호불호가 갈릴 수 있지만, 시중에서는 좀처럼 보기 드문 신선한 내용이다. 어디까지나 참고 정도만 하되, 필자가 금연을 너무 하고 싶었지만 번번이 실패하다가, 실제 원리를 이용해 끝내 금연에 성공한 경험을 공유하려고 한다. 누군가에게는 도움이 될지도 몰라 소개해본다.

담배는 스트레스를 해소해주는 습관성, 중독성 기호식품인 것만은 확실하다. 건강 특히 폐에 안 좋고, 흡연자는 모르지만, 냄새가 좋지 않다. 무엇보다도, 담배는 평생 수많은 시간을 은밀히 빼앗아간다. 금연에 성공한 입장에서 가장 크게 얻은 이점은 건강이라는 추상적인 것이 아니라, 바로 담배를 피우던 시간만큼 하루의 여유 시간이 생겨났다는 점이다.

흡연을 하게 되면, 매일 1회 이상 푼돈인 담뱃값이 꾸준하게, 그것도 평생토록 나가게 하는 지출의 관성을 만든다. 담뱃값은 자연스럽게 지출하게 만드는 라떼 요인 중 하나다.

당연히 개별적인 상황이나 환경의 차이는 있겠지만, 대체로 담배는 가난한 사람을 부유하지 못하도록 만든다. 흡연자가 금연만 성공해도 진정한 미니멀 라이프의 가치를 업그레이드시킬 수 있다. 그리고 파이어를 진정으로 갈망한다면 금연에 성공하라! 담뱃값만큼을 인덱스(Index) 펀드에 매일 투자하면 30년 후에 평균적으로 약 6억 원 정도가 된다. 이 정도면 바꿀 만하지 않겠는가?

다 아는 사실이지만, 금연은 쉽지 않다. 필자 역시 중학교 2학년 때 얼떨결에 담배를 시작해 30년간 중독자이자 애연가로 살았다. 그러나 30년이 지나서야, 금연학교나 병원 치료, 혹은 강력한 의지가 아닌 전혀 다른 원리로 금연에 성공할 수 있었다. 그것은 다름 아닌 자연의 이치, 풍수의 오행(五行), 그리고 산불 진압의 맞불 작전에서 착안한 원리였다.

바짝 마른 나무를 타고 능선을 따라 무섭게 번지는 산불도 민둥산을 만나면 더 이상 탈 것이 없어 비가 내리지 않아도 소강 상태에 들어간다. 또한 맞불을 놓아 연소물을 완전히 없애버리면 불이 진압되는 원리와 같다. 물론 맞불 과정에서 타격은 있을 수 있다.

하루에 한 갑을 피우는 필자는 금연을 결심한 D-day에 하루 동안 계획적으로 네 갑 이상을 피웠다. 마지막이라 생각하니 아쉽기도 했었는데, 담배 한 가치에도 미련을 담아 한 모금씩 깊이 머금었다. 그러나 그 대가는 혹독했다. 혀에는 혓바늘이 돋고, 담배 냄새는 역겹게 느껴졌으며, 입술 좌우에는 바이러스가 번져 삐에로처럼 되었고, 콧구멍은 헐고, 숨을 쉴 때마다 폐병 환자처럼 쉑쉑거렸다. 숨은 차고 콧물은 멈추지 않았으며, 기침은 쉴 새 없이 나왔다. 그야말로 지독한 독감바이러스와 몸살감기가 와서 2주 동안 제대로 생고생을 했다. 담배 연기가 많이 닿아서 얼굴 전체에 각질이 일어났고, 붉은색으로 변했다. 담배병에 걸려 아주 극심한 고생을 경험한 것이다.

나는 고난과 고통을 겪어야 비로소 그 진리를 몸소 깨닫는 어리석은 인간의 마음을 역으로 이용하려 했다. 산불 진압의 맞불 작전의 원리를 통해, 연소물에 해당되는 나의 몸에서 다시는 담배 생각이 나지 않도록 미련이 없을 때까지 준(準)완전연소를 시켜버렸다.

한편, 금연 이후 2주 동안 감기와 담배병을 앓으며, 고생을 했기 때문에 자연스럽게 금단현상이 생길 겨를이 없었다. 이로 인해 금연의 분수령인 2주 고비도 어렵지 않게 지나가게 되어 금연 확률은 더욱더 커질 수 있었다. 그야말로 자연스럽게 금연이 이어져나갔다. 결국 2차 시도에서 놀랍게도 아주 간단히 담배를 끊을 수 있었다. 자녀와 약속해도, 금연학교를 다녀도 안 되던 금연이, 오행과 맞불의 원리로는 가능했던 것이다.

사실, 이 방법은 갑자기 큰 질병이 생긴 환자들이 자연스럽게 담배를 끊게 되는 원리와도 비슷하다. 병하지만 병이 생겨서 피동적이자 비자발적으로 금연을 하는 것이 아니라, 능동적이고 자발적으로 금연을 하게 되는 것이다. 풍수지리에서의 오행에서도 불에는 적당한 양의 나무가 있어야 더욱 활활 타오르게 된다. 그러나 나무가 지나치게 많으면 오히려 불은 꺼지고, 나무가 다 타서 없어져버리면 산불은 더 이상 나무를 태울 수 없게 된다.

금연을 하고 나니 담배 냄새가 나지 않고, 옷이나 가방에 담뱃재도 없으며, 매일매일 푼돈이 나가지 않으니 담배로 인한 라떼 요인이 원천적으로 제거되었다. 항상 몸이 말끔한 느낌이 드는 것이 매우 마음에 들었다. 한편, 흡연자의 차량에서 은은하게 숨어 있던 담배 냄새나 전자 담배 냄새도 더 이상 나지 않는다. 면역력은 확실히 좋아진 것 같은 느낌이 든다. 게다가 금연을 함으로써 매일 1시간 반이라는 황금 같은 틈새 시간을 얻게 되었다. 원래보다 한 달에 무려 2일이라는 긴 시간을 얻게 된 것과 같은 효과이기 때문에, 필자의 한 달은 30~31일이 아니라, 32~33일이 되었다.

결론적으로, 담배는 시간과 돈, 그리고 건강과 습관까지 빼앗아간다. 따라서 반드시 결정적인 계기를 만들어 꼭 금연에 도전해보기를 진심으로 바라는 바다. 담배는 지하 도박장에서나 어울릴 듯한 불량 기호식품일 뿐이다. "스트레스를 받는 것보다 차라리 흡연하는 것이 낫다"라는 말에 위안을 삼는 것은 금연을 방해하는 길이다. 성공률이 없거나 낮고, 논란의 여지가 많을 뿐만 아니라, 개인의 의지 문제이기 때문에 어지간한 작가들도 함부로 금연 방법론을 제시하지 않는 것이다.

미니멀리스트가 아니더라도
꼭 해야 할 일

필자도 어느 순간부터 물건을 주워오는 습관이 없어졌다. 쓰레기는 바로바로 버리고, 쌓아두지 않으며, 즉시 판단하는 습관을 들였다. 그렇게 버렸는데도 놀랍게도 물건은 매일매일 무섭게도 계속 생겨난다. 많은 변화가 있었지만, 여전히 버리는 일은 쉽지 않다.

미리멀리스트가 되었더라도 미니멀 라이프의 습관을 정착화시켜야 루틴과 패턴이 무너지지 않는다. 마치 몸짱이 되어도 계속 유산소와 근력 운동을 하며 관리해야 몸매가 유지되는 것과 같다. 그래서 아직도 메모 한 장, 종이 한 장, 작은 물건 하나라도 빠른 검토 후에 매일 새로 생겨나는 몇 개씩을 반드시 비우려 한다.

이는 물건뿐만 아니라, 일에도 동일하게 적용시킬 수 있다. 할 일을 쌓아놓지 않고, 바로바로 해버린다. 하지 않을 일은 애초에 마음에도 담아두지 않아 에너지 낭비를 줄이도록 한다. 물건이든 일이든 일단 쌓이지 않으면 에너지 소모가 없을 뿐만 아니라, 새로운 물건이나 일에 대해서는 비교할 수 없을 정도의 고도의 집중력이 발휘된다.

더 나아가 공간에 여유가 생기면 마음에도 여유가 생긴다. 생각에도 반드시 여유가 필요하다. 암 환자들이 정신줄을 놓는 이유는 마음의 문제가 아니라 육체의 힘이 없기 때문이라고 한다. 가장 강한 정신력은 결국 마인드나 의지에서가 아니라 단단한 육체에서 나오고, 마음의 여유는 결국 시야 속에서 보이는 여유로운 공간에서 비롯된다. 공간이 답답해 보이면 마음도 답답해진다. 내 생각과 마음이 여유를 느낄 수 있도록 여백의 미가 필요하다.

그래서 꼭 미니멀리스트가 아니더라도 최소한 매일 하루에 딱 한 개씩은 비우는 습관을 가지면 좋다. 그래야 겨우 유지가 되고, 그 속에서 마음의 여유가 생긴다. 그렇게 마음의 여유가 쌓이면 점차 더 큰 여유와 여백의 미까지 느낄 수 있게 된다.

잡스와 저커버그가 줄인
선택 에너지와 결정 피로

페이스북의 창업자 마크 저커버그(Mark Zuckerberg)는 삶을 간결화하고, 중요한 일을 제외하고는 최소한의 의사결정을 위해 회색 티셔츠만 입는다. 의사결정과 선택은 피로를 쌓이게 하고 에너지를 소모시키기 때문이다. 한편, 내가 소유하고 있는 물건들은 내 집의 공간에 저장되어 있기도 하지만, 내 머릿속 깊숙한 뇌 속 어딘가에도 저장되어 있다. 그래서 물건들도 최적화시켜야 한다.

집 안에 저장할 수 있는 물건들의 양도 어느 정도 한정되어 있듯이, 머릿속에 저장할 수 있는 최적화된 활성 기억의 양도 어느 정도 한정되어 있다. 마치 고장 난 타임머신처럼 과거와 현재의 기억을 오가게 되는 치매 환자도 미리 기억을 정리하지 못해 신경을 과도하게 쓰고 고생한 경우에 치매가 발병될 확률이 높아진다. 마찬가지로 두통 환자들 역시 치매 진단율이 높아지는 경향이다.

애플의 스티브 잡스(Steve Jobs)도 검정 목폴라를 회사 유니폼처럼 입으며 결정 피로를 최대한 줄이며 중요한 데만 집중하다 보니 검정 목폴라 티셔츠가 그의 트레이드마크가 되었다.

사소한 일일지라도 무언가를 결정할 때마다 우리는 결정 피로를 느끼고, 선택 에너지가 조금씩 고갈된다. 물건을 버리거나 비울 때도 마찬가지였다. 그래서 필자는 더는 내 삶이 늦춰지지 않고, 더는 일이 지연되거나 시행착오를 겪지 않도록 수많은 결정 피로를 줄이기로 했다. 그것은 바로, 물건을 비우는 것이었다.

옷의 경우, 개인적으로 깔끔한 흰색 티셔츠를 좋아하기도 했고, 흰색은 질리지 않으면서도 필자에게 잘 어울리는 것 같아, 주로 흰색 티셔츠를 입기로 했다.

같은 옷 몇 장을 돌려 입게 되면 회전율이 높아지기 때문에 방금 빨래해 바짝 말린 새 옷보다 더 컨디션이 좋은 뽀송뽀송한 옷을 매번 입을 수 있다. 장사나 투자에서도 회전율이 중요하듯, 옷에서도 회전율은 무척 중요하다. 옷감이 좀 더 빨리 닳는 것 같은 느낌이 들 수 있지만, 해지면 바로 새것으로 바꾸면 그만이다. 옷을 예로 들었지만, 꼭 이렇게 할 필요는 없다.

다른 사람들이 세세히 알지도 못하는 사이, 항상 깔끔한 느낌과 스타일을 느끼게 해주는 나만의 이미지가 만들어지고 있었다. 내 몸이 명품이라 생각하기 때문에 명품 옷이 중요한 것이 아니었다. 필자의 몸이 만들어지고 말끔하게 다져지는 데 에너지가 들어갔을 뿐이지, 옷을 고르거나 관리하는 데는 시간이나 에너지의 낭비가 일어나지 않았다. 마치 저커버그나 잡스처럼 말이다.

형편없는 물건은
주는 것이 아니다

중복되는 물건을 꾸역꾸역 보관하며, '언젠가 쓸모가 있을 때 적절히 사용해야지' 하고 생각만 하던 시절이 있었다. 물론 필요한 사람에게 건네주면 그 사람에게는 유익할 뿐만 아니라, 비용이 들지 않으므로 고마워할 거라는 생각이 오랫동안 나를 지배했었다. 실제로 다른 사람에게 물건을 줘서 보람 있게 사용을 한 적도 있었고, 무척 고마워하기도 했다. 이 부분은 나쁘다고만 할 수는 없을 것이다. 하지만 그렇게 어렵게 보관해 공간을 차지하는 것이 타인에게 물건을 주어 얻는 것보다 더 큰 가치는 무엇이었던가 하는 의구심만 남게 되었다.

결정적인 계기는 가까운 지인으로부터 쓰레기 같은 중고 물건을 받은 경험이었다. 그제야 비로소 깨달았다. 내가 남에게 쓰레기 같은 물건을 줬을 때, 그들도 속으로는 썩 유쾌하지 않았을 것이라는 사실을 말이다. 타인에게 물건을 줘야 한다면 새 상품으로 근사한 선물을 주어야 한다. 보잘것없는 중고 물건을 주면, 말을 안 해서 그렇지, 썩 좋아할 사람은 없을 것이다.

사람들은 귀하거나 값이 비싸거나 가치 있는 선물을 받았을 때 기뻐하고 고마워하는 것이지, 그렇지 않은 물건을 받았을 때는 그다지 유쾌한 느낌을 받지 않는다.

진시황이 찾던
불로초는 바로 이것

건강과 수명에 관한 중요한 사실 두 가지를 짚고 가보자. 한국인들의 대표적인 사망 원인 두 가지를 원천적으로 제거하면, 우스갯소리로 120세, 심지어 150세까지도 죽지 않게 되는 날이 앞당겨질지도 모른다. 평생 불로초(不老草)를 갈구하며 불로장생을 꿈꾼 진시황이 이 사실을 알았더라면 자다가도 무덤에서 벌떡 일어날 일이다. 더구나 한국은 실제 초장수 국가로의 진입을 눈앞에 두고 있는 상황이기에, 이제 곧 다가올 가까운 미래에는 불가능한 일도 아닐 것이다.

노후에 가난한 사람일수록 '몇 년 더 살아서 뭐하냐'라는 비관적인 마인드를 가지고 있다. 반면, 부유한 사람일수록 건강 관리에도 선진국 부자들에 뒤지지 않을 만큼 많은 운동을 하고 최첨단의 다양한 건강 관리에 힘쓴다. 오전 운동과 오후 운동을 나누어 루틴을 지키는 고객의 일과를 볼 때면 부럽지 않을 수가 없다.

물론 자신과 상황에 맞지 않을 수도 있고 개별차도 있겠지만, 결국 궁극적으로는 운동의 중요성은 가면 갈수록 커질 수밖에 없다. 미니멀 라이프를 통해 삶이 심플해지면 보다 효율적이고 가치 있는 방향으로 진화하게 되어 있기 때문이다. 그제야 비로소 운동의 가치와 교훈을 깨닫고, 나이가 들어 죽음의 문턱에 다가갈수록 운동을 통해 '살아 있음'에 감탄하고 생생히 실감하게 된다.

러닝 같은 운동을 할 때 쿵쿵 뛰는 심장 박동 소리는 그야말로 '살아 있네!'를 외치게 만들고, 삶에 감사하게 한다. 운동을 하는 순간에는 오로지 운동에만 집중하기 때문에 진부하게 들릴지 몰라도 육체와 생명력을 느낄 수 있다. 그래서 미니멀 라이프에서조차 부(富)를 목표로 하더라도 결국은 운동으로 귀결된다.

사람이 질병으로 사망하는 원인은 다양하지만, 매일 조깅이나 러닝 같은 유산소 운동만 꾸준히 해도 심장마비, 급성 심근경색 같은 심혈관 질환이나 뇌출혈·뇌경색 같은 뇌혈관 질환으로 갑자기 쓰러져 죽거나 고도의 장해를 입을 확률을 거의 0에 가깝게 낮출 수 있다. 결국 대표적인 사망 원인은 혈관성 질환이기 때문이다.

즉, 나이를 먹을수록 천천히 달리는 조깅이나 러닝을 꾸준히 습관화하면, 이유 없이 갑자기 사망하는 억울한 일을 당할 가능성은 거의 사라진다. 진시황이 들으면 허무하겠지만, 이것이야말로 죽지 않고 오래 사는 데 일확천금을 줘도 바꿀 수 없는 비기(秘技)다.

독일이나 프랑스 등의 유럽 선진국에 여행을 가보면 멋을 내지 않고 아주 짧고 단정한 운동복을 입은 사람들이 아침마다 가벼운 조깅을 하는 모습을 흔히 볼 수 있다. 요즘에는 한국, 특히 수도권에서도 조깅이나 러닝을 하는 사람들이 늘었다. 조깅 후 샤워할 때의 개운함은 인간만이 누릴 수 있는 특권이다.

한편, 혈관질환 외에 대한민국 사망률 1위 질병은 바로 악성종양인 암(癌)이다. 몸속에 암덩어리(口)가 산(山)만큼 많이 쌓여(品) 있어서, 암 환자의 머리 부분(亠)을 침상(疒)에 누워 앓고 있다 해서, 암(癌)이라고 한다.

혈관질환은 발병 시 운이 나쁘거나 골든타임을 놓치면 바로 사망이나 고도장해로 이어질 수 있지만, 평상시에 유산소 운동만 잘하면 충분히 거의 완벽하게 예방할 수 있다. 혈관질환은 예방의 영역이기 때문에 많은 자산가들이 유지관리에 많은 관심을 보이고 있는 것이다. 반면 암은 조기에 발견되면 수술이나 치료 이후 모든 것을 내려놓고 요양과 운동에 집중하는 것이 생존율을 높이는 유일한 방법이지만, 이것이 쉽지 않다.

그래서 많은 이들이 재발이나 전이, 원격 전이로 결국 손을 쓸 수 없는 지경에 이르고, 기력이 떨어져 끝내 목숨을 잃는다. 독한 치료와 약물이 환자를 더 지치게 하는 경우도 많다.

상황 판단 능력이 떨어질 수도 있는 암환자 역시, 미니멀 라이프를 목표로 물건이나 전반적인 부분들을 정리해야 무엇이 중요하고 무엇이 그렇지 않은지를 깨닫게 된다. 그래야만 속세의 모든 것을 내려놓고 철저히 자신의 몸에 집중하게 되며, 운동이라는 새로운 인생 후반전의 목표를 달성할 수 있다. 그래서 보험에서도 암 진단금은 다른 진단금 항목보다 생전의 '나 최우선주의' 입장에서 가장 중요하다고 할 수 있다.

암환자들은 스스로 자발적으로 미니멀 라이프를 실천해 궁극적으로 운동에 집중할 수 있도록 해야 한다. 디지털과도 같은 의학적인 암이 아닌, 아날로그와도 같은 자연에서의 실질적인 암은 사실상 완치라는 개념이 없기 때문이다. 5년이라는 의학적인 완치 판정을 받았다 해도, 한 번의 강력한 스트레스로 금세 재발되는 경우가 많다. 운동은 단순히 공원에서 30분 걷는 것을 의미하는 것이 아니다.

따라서 암환우들은 내일까지 산다는 마음으로 모든 것을 다 때려치우고, 예를 들어 자전거 국토종주를 하거나, 걸어서 대한민국을 횡단하거나, 전국의 명산을 등산하는 등 인생 제2의 열혈 운동맨이 될 필요가 있다. 또한, 기력이 중요하기 때문에 잘 먹어야 한다. 하지만 암수술 이후 5년이 지나면 재발 가능성이 매우 낮다고 가볍게 생각해 잘 하지 않는 경우가 적지 않다.

운동의 종류는 조깅, 러닝, 마라톤, 라이딩, 줄넘기, 복싱, 등산 등과 같이 땀을 많이 흘리고 지구력을 시험하며 나 자신과의 싸움에서 이길 수 있는 환경을 제공하는 운동을 추천한다. 운동을 하면 할수록 마지막 잎새는 쉽게 떨어지지 않는다.

암환자는 몸의 기력이 바닥으로 떨어지는 순간 활동력이 급감하고, 먹는 것도 많이 못 먹게 되면서 결국 운동과는 돌이킬 수 없는 작별을 하게 된다. 힘들고 어려움이 있는 것은 알겠지만, 지금 당장 잘 먹고, 바로 자신에게 맞는 땀 흘리는 운동을 젖먹던 힘까지 모아 몰입해보기를 바란다. 기력이 없다면 이를 꽉 깨물고 게걸스럽게 먹는 것부터 시작하라. 똥을 못 쌀까 봐 많이 못 먹는다면 암환자의 변비에는 알로에가 큰 도움이 된다.

게다가 최소 월 2~4회 정도는 가급적 유황온천이나 찜질방, 사우나 등에 가는 재미를 붙이기를 강력히 추천한다. 암세포는 화와 스트레스를 매우 좋아하지만, 태양과 열은 아주 싫어한다. 반면 항암이나 방사선 치료를 너무 심하게 하면 쥐 잡으려다 사람 잡는 꼴이 될 수 있다.

결국 지구력과 인내력을 동반한 운동에서 흘러나오는 땀은 정신질환이나 악성종양, 염증을 녹여버리는 역할을 하게 된다. 주기적으로 약알칼리성 유황온천에서 온천을 즐기면 몸의 내외부가 말끔해져 건강에도 좋은 영향을 준다. 자, 그럼 이제 달리고(Running), 자전거를 타고(Riding), 햇볕을 쬐고(Tanning), 온천(Hot spring, 溫泉)에 몸을 담그자. 스트레스 많은 한국에서 스트레스만 제거해도 오래 사는 일은 현실이 될 수 있다.

용돈을 주는 효과
3배 높이는 방법

우리가 어렸을 때 시골에 가서 놀다가 집으로 돌아올 시간이 되면, 할아버지나 할머니가 "공부 열심히 해라" 하시며 용돈을 쥐여주시곤 했다. 다른 친척집에 다녀올 때도 마찬가지였다. 며칠을 자고 놀다 와도, 어른들은 헤어질 무렵이 되면 엄마 몰래 용돈을 주셨다. 집으로 오는 길엔 그 돈을 받았다는 기쁨에 혼자 흐뭇해했지만, 사실 그 기쁨은 그리 오래가지는 않았다.

예전에는 잘 몰랐는데, 같은 용돈이라도 주는 방법에 따라 반응이 달라지고, 부수적인 효과까지 얻을 수 있다는 것을 나중에서야 깨달았다. 이미 노후에 접어든 분들이라면, 재무 건전성을 지키면서 손자·손녀에게 용돈 주는 즐거움을 붙여보는 것도 좋다. 물론 돈이 없다면 없는 대로 아이들과 시간을 보내며 추억을 나누면 된다.

자, 그렇다면 여기서 '돈은 무엇인가? 돈의 노예가 되지 않고, 돈의 주인이 되어야 하지 않겠는가? 그리고 돈을 제대로 사용해야 하지 않겠는가?'라는 생각을 해볼 필요성이 있다. 부자는 돈을 쓸 때도 아주 값어치 있게 사용하고 활용한다. 돈이 어떻게 작용하는지도 습관적으로 아주 잘 이해하고 있다. 반면 몇 분은 용돈을 줄 때도 순서의 차이가 있다는 것을 상당한 시간이 지난 후에야 알게 된다. 필자 역시 이것을 깨닫게 된 후 이 부분을 제대로 활용할 수 있었다.

부모 입장에서 월 잉여 금액이 있다면 며느리나 사위가 왔을 때, 목돈으로 주지 말고, 용돈으로 주도록 해보자. 이보다 더 좋을 수가 없다. 빚이나 대출이 없고 매월 연금이나 배당수익 등이 나오므로, 굳이 돈을 묵혀둘 필요가 없다. 대부분의 돈을 가치 있게 사용하는 것이다.

특히 용돈을 줄 상황이라면, 헤어질 때가 아니라 만났을 때 곧바로 주는 편이 낫다. 이를테면 초등학교 조카들이나 손자·손녀가 찾아왔을 때, 미루지 말고 보자마자 덕담을 곁들여 바로 주는 것이다. 그러면 아이들은 기분이 좋아져서 내 의도대로 협조도 잘 하고, 말도 잘 듣는다. 예상치 못한 사고도 줄고, 대화도 훨씬 자연스럽게 이어진다. 여기서 돈으로 분위기를 압도하라는 의미로 오해하지 않았으면 한다.

헤어질 때 주고 끝내는 것보다, 만날 때 줘서 함께 있는 동안 내내 즐겁고 기쁜 마음을 유지하는 것이 더 좋다. 그럼 주는 사람도, 받는 사람도 그 가치를 더 크게 느낄 수 있다.

겉으로 보면 별거 아닌 듯 보이지만, 가족이나 친척을 만났을 때 분위기를 좋게 만드는 것은 아주 중요한 일이다. 앞으로는 보자마자 용돈을 먼저 건네보자. 그러면 대접받는 자리도 자연스럽게 생기고, 조금 어색했던 관계도 한결 부드러워질 것이다.

처갓집이나 시댁을 방문할 때도 마찬가지다. 헤어질 때가 아니라, 보자마자 "아버님, 어머님 용돈입니다" 하고 바로 드려보라. 그 시간 내내 더 나은 대접을 받을 수 있다. 이 방법의 핵심은 돈으로 살 수 없는 가장 큰 효과, 고부(姑婦) 갈등이나 장서(丈壻) 갈등과 같은 갈등 유발요인을 사전에 원천 차단해준다는 점이다. 이 부분은 매우 중요한 내용이다. 즉, 돈으로 갈등을 예방할 수도 있는 것이다.

새 물건이
주는 이로움

만 원짜리든 100만 원짜리든 가격에 관계없이 새 물건이 가져다주는 기운은 매우 산뜻하고 신선하다. 저렴한 티셔츠 하나를 사더라도 사람의 뇌에는 산뜻한 자극을 주기 때문에 아주 잠시라도 기분이 좋아지는 것을 경험했을 것이다. 물론 값비싼 물건은 좀 더 큰 자극을 주곤 한다. 결과를 정확히 알 수는 없지만, 항상 시작은 새롭고 설렌다. 새 물건에는 그래도 아직 부정적인 영향의 때가 묻지 않은 생기(生氣)가 흐른다.

하지만 출처를 알 수 없는 중고물품이나 폐업한 가게나 몰락한 집에서 나온 물건에는 이상하게도 사기(死氣)가 스며들어 있는 경우가 많다. 이런 것들은 절대로 함부로 들여와서는 안 된다.

미니멀 라이프를 어렵게라도 실행해본 사람이라면, 비우는 일이 얼마나 힘든지 절실히 알게 된다. 그래서 자연스럽게 새로운 물건을 들이거나 소비를 통해 구매하는 데 신중해지고 꺼리게 된다는 것이 공통된 경험담일 것이다.

소비 지출을 줄인 상황에서 정말 필요한 물건은 가급적 새것을 사서 오래도록 잘 사용하는 것이 좋다. 그 편이 경제적일 뿐만 아니라, 오래도록 산뜻하고 신선한 기운을 누릴 수 있다.

자존감과 본연의
가치를 높이다

자존감이 떨어지는 사람일수록 고가의 브랜드나 상표 등에 민감한 경우가 있다. 똑같은 물건임에도 불구하고, 이 지구상에서 인간들이 인위적으로 가치를 부여한 것에 너무 연연하지 않았으면 한다.

필자에게는 동대문에서 원단가게와 공장을 운영하다가 연쇄부도로 인해 우리 회사에서 근무를 하게 된 고객분이 있었다. 그 인연으로 약간의 지식과 경험을 접할 수 있었는데, 그 과정에서 알게 된 사실은 브랜드는 결국 하나도 중요하지 않다는 점이었다. 나 자신이 브랜드가 되면 되는 일이었다.

원단을 납품하는 과정을 들어보면, 원재료나 공정, 혹은 단순히 도장 하나 차이로 가격이 달라진다. 인간은 글자를 사용하는 유일한 동물이고, 그 글자를 통해 가치를 부여하고 차별을 만들어 자본의 크기까지 결정하게 된다.

물론 원단마다 차이가 있긴 하지만, 동일한 원단의 경우라면 과연 무슨 본질적인 차이가 있겠는가? 그래서 브랜드마다 조금 더 다른 의류 제작 기술이나 색상, 특징, 로고 등을 덧붙여 가치를 만들어내는 것이다. 하지만 여성이고 남성이고 간에, 진짜 핵심적인 가치는 결국 내가 스스로 주체적으로 만들어야 한다. 그것이 변하지 않는 진실이다.

네 번째

....

부(富)를 부르는
미니멀 풍수(風水)

풍수의 비밀을 알아야
진짜 미니멀리스트!

미니멀리스트가 알아야 할
방위의 비밀

풍수지리에서는 동·서·남·북, 그리고 그 사이에 위치한 남서·북서·남동·북동의 8방위가 중요한 역할을 한다. 각각의 방위마다 지니고 있는 성질과 기운이 다르기 때문에 서로 다른 영향을 끼치게 된다. 여덟 개의 방위에는 저마다 행운과 액운이 따르는데, 우리는 액운은 피하고 행운의 기운은 받을 수 있도록 잘 활용할 필요가 있다. 즉, 방위를 잘 배치해 복이 깃든 집에서 거주하는 것만으로도 행복을 누리며 살아갈 수 있는 아주 쉽고도 중요한 일이 될 수 있는 것이다.

집이나 사무실에 있는 의미 없는 물건들을 비워냄으로써 물건에서 해방되고, 시간적·공간적 자유를 얻는 것을 일차원적인 미니멀 라이프라 하자. 여기서 한 단계 더 나아가, 눈에는 잘 보이지 않는 풍수의 방위를 이해하고 이를 실전에 적용하는 것, 이것이야말로 고차원적인 미니멀 라이프라 부를 수 있을 것이다.

서양이든 동양이든 실속과 내실이 뒷받침되어야 하는 법이다. 따라서 여기까지 도달해야 비로소 진정한 미니멀리스트의 미니멀 라이프라 할 수 있다. 이 책의 풍수 파트는 글만으로 이해가 되지 않는다면 첨부된 그림을 참고하며 넘어가면 크게 어렵지 않을 것이다.

[동서사택과 음양오행의 상생과 상극도]

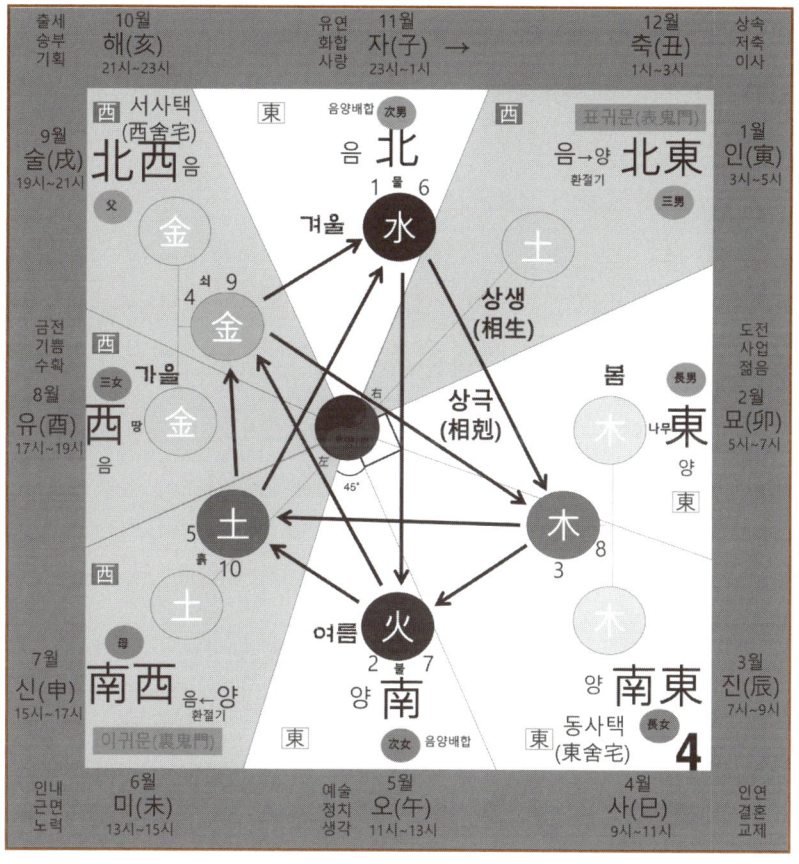

시중의 풍수지리가 어렵다는 고정관념을 버리고, 필자의 설명력만 믿고 몇 장 넘겨보자. 동(東)쪽에서는 나무나 식물에게 생명력을 부여하는 태양(日)이 뜬다. 태양의 양기가 흩어지고, 양기가 흩어지면 온도 차에 의해 공기 중의 기운의 흐름인 바람을 만든다. 성장하고 있는 풀이나 잡초 같은 식물이 바람에 저항하면, 고난과 역경에 해당되는 바람은 결국 장시간에 걸쳐 튼튼한 나무(木)를 만든다. 그래서 해(日)가 뜨는 동(東)쪽은 봄과 같고, 목(木)이 들어가 있다. 동쪽과 동남쪽에는 木의 기운과 성질이 있다.

서(西)쪽으로 해가 지면서 춥고 어두워지면 음기가 모여 가을과 같이 건조하게 된다. 흙 속 깊은 곳에서 건조한 부분은 장시간에 걸쳐 쇠(金)를 만들어내기 때문에 서쪽과 서북쪽에는 金의 기운과 성질이 있다.

일반적으로 타원형의 지구 북반구에서 남(南)쪽 방향은 북쪽에서 남쪽으로 갈수록 태양광을 맞는 면적이 넓어져서 현재의 위치보다 상대적으로 여름과 같이 따뜻하기 때문에 남쪽으로 갈수록 따뜻하며, 양기가 가득해 열을 만든다. 열이 가열되면 불(火)을 만들기에 남쪽에는 火의 기운과 성질이 있다.

둥근 지구의 북(北)쪽의 끝은 태양광과 평행해 상대적으로 햇빛이 잘 닿지 않아 찬 음기가 가득해 찬 기운을 만들고, 찬 기운은 공기 중의 수분을 얼음으로 만들고 모이게 한다. 둥근 지구를 기준으로 현재의 위치인 지구의 북반구에서 북(北)쪽으로 올라가면 바닷물이 얼어 있는 빙

하(氷河)가 있기 때문에 겨울과 같은 북쪽에는 水의 기운이나 성질이 있다. 지구는 둥글기 때문에 남반구에서도 거꾸로 북쪽으로 올라가면 물인 빙하가 있다.

남쪽의 火와 서쪽의 金, 이 두 기운의 음과 양이 교차하면서 온기를 만들고, 온기는 수많은 작용이 일어나서 흙(土)을 만들기 때문에 남서쪽은 土의 기운이 있다. 북쪽의 水와 동쪽의 木 기운들도 마찬가지로 온기를 만들고 수많은 작용이 일어나서 흙(土)을 만들기에 북동쪽도 土의 기운이 있다. 사람도 죽으면 모두 결국 한 줌의 흙으로 돌아간다.

음양오행(陰陽五行)은 어떻게 작용하는가?

세상에는 눈에 잘 보이지 않는 것들이 있다. 이를테면 바다 속에도 보이지 않는 난류와 한류가 흐르고, 음악의 음계에도 장조와 단조가 있으며, 사람의 몸속을 도는 혈액에도 동맥과 정맥이 있다. 우리가 살아가는 공간 속에도 감지하기 어려운 무색, 무미, 무취의 양기와 음기가 흐르고 있다.

우리가 흔히 말하는 일월(日月)은 해와 달을 뜻한다. 곧, 양과 음, 빛과 그늘을 상징한다고 할 수 있다. 태양(日)에서는 따뜻한 양기가 나오고, 달(月)에서는 차가운 음기가 나온다. 양은 음으로, 음은 양으로 변화하며 끊임없이 이동하는데, 태극기의 태극 문양은 이러한 음양의 변화를 그림으로 잘 표현한 것이다.

팔방(八方)은 화수목금토(火水木金土)의 다섯 가지 성질을 각각 지니고 있다. 이 다섯 요소들은 서로 변화하고 움직이며 영향을 주기 때문에 오행(五行)이라 한다. 각각의 성질은 서로 도와 일어나는 상생(相生)이 되기도 하고, 서로를 무너뜨리는 상극(相剋)이 되기도 한다. 자연의 모든 현상과 만물은 이 다섯 요소에서 비롯된다.

지구에서 생명의 근원은 물이다. 적당한 물(水)은 나무(木)를 잘 자라게 한다. 나무에 물을 주면 물로부터 생명력이 살아나기 때문에 물과 나무는 수생목(水生木)의 상생관계가 된다. 적당한 양의 나무(木)는 불(火)을 더 활활 타오르게 하고, 불은 나무로부터 연료 공급을 받으니 나무와 불은 목생화(木生火)의 상생관계가 된다. 산불도 나무의 힘을 받아 산불이 더 크고 강하게 활활 타올라 나무를 다 태워버리게 된다.

나무가 적당한 세기 이상의 불(火)에 다 타고 나면 재가 되고, 재는 비료가 되어 마침내 다시 흙(土)이 되므로, 불과 흙은 화생토(火生土)의 상생관계가 된다. 화전(火田)도 풀과 나무를 불살라 버려 재가 비료가 되어 흙을 비옥하게 만드는 것이다.

흙(土) 속 깊숙한 곳에서 건조해지면 건조함은 쇠(金)를 만든다. 쇠는 곧 흙으로부터 만들어지기 때문에 흙 속에서 쇠를 캘 수 있는데, 흙과 쇠는 토생금(土生金)의 상생관계가 된다. 땅속 깊은 곳에서는 다양한 금속 광물자원이 생성된다.

나무(木)는 불(火)을 활활 타오르게 하고, 나무가 다 타고 나면 재가 되어 흙(土)이 되고, 흙이 땅속 깊은 곳에서 오랜시간 동안 건조하면 여러 종류의 쇠(金)로 변형되고, 결국 시간이 지나 대지진이나 화산 폭발 등이 일어나면서 적정량의 쇠가 녹아 있는 액체가 기체로 날아가면서 대기층을 새롭게 형성한다. 수증기를 포함한 수많은 기체들이 점점 커지다가 아주 무거워지면, 물(水)인 비가 되어 수 백년 동안 내리기 때문에 자연의 순환원리로 쇠가 있는 곳에는 결국 반드시 물이 나오게 된다. 즉, 쇠와 물은 결국 뗄래야 뗄 수 없는 금생수(金生水)의 상생관계가 된다. 빗물이 내리면 이 물은 다시 나무를 살리게 된다.

즉, 물(水)을 주어야 나무(木)가 살고, 나무는 불(火)을 살리며, 불은 나무를 다 태워서 흙(土)을 만들고, 흙이 땅속에서 변형되면서 여러 종류의 쇠(金)가 나오며, 쇠는 다시 한 바퀴 돌아 물(水)을 만들고, 물은 다시 나무를 살린다. 오랜 시간 동안 계속 반복되면서 상생관계가 일어나고 순환이 된다.

반면, 적당한 양 이상의 물(水)은 불(火)을 끌 수가 있어 불을 이겨서 소멸시켜버리기 때문에, 물과 불은 수극화(水剋火)의 상극관계가 된다. 적당한 양 이상의 불(火)은 쇠(金)를 녹여 대기로 증발시켜버리기 때문에 불과 쇠는 화극금(火剋金)의 상극관계가 된다.

흙이 만들어낸 적당량 이상의 쇠(金)는 나무(木)보다 강해서 나무가 살 수 없는 환경을 만들어 나무를 자르거나 베고 깎아서 죽여버리기 때문에 쇠와 나무는 금극목(金剋木)의 상극관계가 된다. 적당한 양 이상의 나무(木)는 흙 속에 수많은 뿌리를 내려 영양분을 쫙쫙 다 빨아 먹고, 흙(土) 속 깊은 곳에서 건조하지 못하도록 움켜잡고 있어서, 건조하게 해 여러 종류의 쇠를 만들려고 하는 성질의 흙을 이겨버리기 때문에 나무와 흙은 목극토(木剋土)의 상극관계가 된다.

적당량 이상의 흙(土)은 흙 속으로 물(水)을 스며들게 한다. 흙이 많으면 물을 탁하게 하고, 물이 범람하지 못하도록 물의 흐름을 막고 물을 이기어 잡아버리기 때문에, 흙과 물은 토극수(土剋水)의 상극관계가 된다. 즉, 흙은 물(水)을 잡아버리고, 나무는 흙(土)을 잡아버리며, 쇠는 나무(木)를 자라지 못하게 하며, 불은 쇠(金)를 녹이고, 물은 불(火)을 꺼버리고, 흙은 다시 물(水)을 잡아 메꾸어버리면서 상극의 관계가 일어나고 반복이 되며, 순환된다.

이와 같이 우리의 삶이나 물건에는 서로 잘 어울리는 상생과 서로 부딪쳐서 충돌하는 상극의 관계가 적용되고, 고스란히 투영되어 나타나고 있다. 방위에도 그대로 적용된다.

火水木金土, 이 다섯 개 요소의 성질은 항상 변화하기 때문에 영원히 절대적으로 우월한 강자란 없고, 영원한 약자도 없다. 하지만 항상 상대적으로 성질이 발휘된다. 물건의 성질도 마찬가지로 계속 변화하고, 상대적으로 성질이 결정된다.

남쪽과 남서쪽은 완전히 다른 방위

많은 물건을 비웠다면, 집이나 사무실에서 주요 집기의 위치나 방위를 잡을 수 있는 제대로 된 핵심적인 지혜 하나만 지니고 있어도 큰 도움이 된다. 미니멀 라이프를 실행하고 나서 풍수 자리 배치의 핵심까지 더해지면서 진정한 화룡점정(畫龍點睛)이 완성된다.

일반적으로 현대 건물에서 집이나 사무실, 가게 내부의 위치를 따질 때에는 이미 출입문이 만들어져 있기 때문에 어쩔 수 없이 입구의 방위를 기준으로 삼는다는 것이 가장 중요하고 핵심적인 내용이다. 꼭 풍수 전문가가 아니더라도 기초가 되는 핵심만 제대로 이해하면 올바른 방향으로 자리를 잡을 수 있다. 이는 곧 자연의 이치다.

주의사항으로는 남쪽과 남서쪽은 얼핏 보면 비슷해 보이지만, 완전히 다른 방위이므로 대강 넘어갔다가는 큰 코를 다칠 수 있다. 북쪽과 북서쪽도 마찬가지로 엄격히 다른 방위이므로, 방위를 판단할 때는 반드시 8방위를 정확히 구분해야 한다.

특히 북동쪽과 남서쪽은 단순한 방위가 아니다. 각각 두 성질 사이의 방위에서 중간적 위치라 할 수 있는 土의 기운이 만들어진다. 풍수 배치에서는 매우 조심해야 하는 방위다. 23.5도 기울어진 자전축을 기준으로 지구가 자전하면 북동쪽과 남서쪽이 이어지는 중심의 방위에서는 기준이 되는 축보다 더 많은 움직임과 변화가 일어난다.

부동산도, 주식도, 펀드도, 인생도, 법인도, 회사도, 가게도, 프랜차이즈도 모두 결코 단순하거나 영원하지 않다. 마치 살아 있는 생물체와 같다고 할 수 있다. 영원히 불변하는 것은 없듯이, 결국 팔아야 할 타이밍에는 절묘하게 팔아야 한다. 현대 건물에서는 완벽히 길한 풍수 배치가 드물기 때문에 풍수 배치 또한 영원하지 않고, 그때그때 상황에 맞추어 음양오행의 상생과 음양에 맞게 변화를 줘야 한다.

이는 지구의 자전과 공전과도 깊은 관계가 있다. 방위마다 차이가 있지만, 풍수 배치의 기력이 다하면 복가 배치로 다시 자리를 옮겨야 하는 경우가 많다. 현대에 지어진 건물들이 풍수까지 일일이 따져가며 호실을 건축하지 않기에 대체로 길하지 않은 경우가 많기 때문이다. 그래서 예로부터 남향집을 강조한 것이다. 남향이나 남동향 집은 대체적으로 동사택으로 우수하다.

즉, 오행의 요소들이 서로 상대적이듯이 현대의 풍수지리도 때로는 이동이 필요하다. 이것 또한 자연의 원리라 할 수 있다. 미니멀리스트는 변화에 수월하게 최적화되어 있기 때문에 화를 피해갈 수도 있고, 좋지 않은 환경도 금방 변화시켜 개선할 수 있다.

남서쪽과 북동쪽을
유념해야 하는 이유

몹시 추운 한 겨울보다 계절이 변화하는 봄이나 가을 같은 환절기 때 쉽게 감기나 각종 질병에 잘 걸리는 것도 기운이 갑자기 변하기 때문이다. 시간을 밤 23시부터 2시간 간격으로 익히 들어본 자축인묘 진사오미 신유술해(子丑寅卯 辰巳吾未 申酉戌亥)의 열두 개의 시간대와 방위로 구분할 수 있다.

하루 24시간을 4계절로 비유했을 때도 가장 깊은 잠에 빠져든 새벽 시간대인 1~5시에는 모든 기를 놓고 외부의 기운에 무방비 상태가 되어 병에 잘 걸리고 사고를 당하기도 쉽다. 숙면할 때 좋은 기운도 이때 충전된다. 가장 나른하고 피로를 느낄 뿐만 아니라 점심식사 후에 식곤증으로 졸음이 많이 오는 오후 시간대인 13~17시에도 마찬가지다. 방위로는 자전축보다 빨리 돌아가는 남서쪽과 북동쪽에 해당된다.

감기도 주로 자고 일어나면 걸리는 이유가 여기에 있다. 그래서 '호랑이 굴에 들어가도 정신만 차리면 산다'는 말은 일리가 있다. 바짝 긴장해 정신을 차리고 있을 때는 기(氣)가 충만해 감히 감기조차 걸리지 않는다. 몸에 힘을 주고 있을 때도 같다. 그래서 몸이 좋지 않을 때는 잠들기 전 샤워와 양치질을 깨끗이 하고, 깨끗한 침구류에서 만반의 준비를 한 뒤 잠을 청해야 한다.

급작스러운 사고나 질병은 항상 방심할 때, 무방비 상태에서 들이닥친다. 적군이나 외세의 침입도 마찬가지였다. 우리나라 역사에서도 무방비 상태일 때마다 북방의 오랑캐와 남방의 왜구가 잊을 만하면 시도 때도 없이 쳐들어왔다. 그리스 신화의 트로이 목마도 무방비 상태를 기습해 정곡을 찔렀다. 이처럼 인위적인 사건들조차도 큰 흐름에서 보면 마치 시간이 순환하는 자연현상과 다르지 않다.

북동쪽은 음에서 양으로, 남서쪽은 양에서 음으로 바뀌는 방위다. 이 두 방위는 공간 속 인간에게 적지 않은 영향을 준다. 북동쪽과 남서쪽 공간이 습해 청결하지 않거나 가스레인지, 난로 같은 화기를 두었을 때는 화를 입으면 마치 귀신 들린 것처럼 피해가 훨씬 커질 수 있다. 그러므로 이곳에는 콘센트, 각종 화기, 에어컨이나 냉난방기, 전자제품 등을 절대로 두지 말고 청결하게 비워 여백의 미를 드러나게 해야 한다.

그래서 북동쪽을 겉에서 귀신이 드나드는 방위라 해서 표귀문(表鬼門)이라 불렀고, 남서쪽을 속에서 귀신이 드나드는 방위라 해서 이귀문(裏鬼

門)이라 불렀다. 남서쪽과 북동쪽을 통틀어 귀신이 드나드는 문, 즉 귀문방(鬼門方)이라 한다. 서로 대각선의 방향이다.

평생 거주할 아파트를 매수하거나 생업과 관련된 가게, 사무실을 구할 때도 반드시 기억해야 하는 매우 중요한 방위다. 거실 창문이 남향인지 동향인지도 중요하지만, 사실은 안방이나 사장 자리의 위치, 출입구 문의 방향이 훨씬 더 중요하다. 명당에는 임자가 있다는 옛말처럼 덕을 많이 쌓아야 우연히 잘 고를 수 있지만, 폭탄이 너무 많기 때문에 절대 가볍게 여길 일이 아니다. 현대사회는 모든 것이 돈과 상업적 이익으로 얽힌 곳이다.

옛날부터 북동쪽과 남서쪽 방위에는 귀신이 출입하기 때문에 흉하다고 해서 대문이나 출입문도 내지 않았다. 현대에 와서 보니 과학적이지 않을 수가 없다. 귀한 일은 대문이나 현관에서부터 이루어진다. 출입문은 일반적으로 동사택의 방위인 남동쪽, 남쪽, 동쪽이 가장 길하다. 귀문방에는 화기를 많이 사용하는 부엌 또는 보일러실, 물을 많이 사용하는 화장실 및 쓰레기장(통)도 피해야 한다. 엘리베이터나 계단도 화를 부를 수 있으니 내지 말도록 하자. 기운의 변화가 심한 북동쪽이나 남서쪽에 더러운 쓰레기를 두면, 새로 솟는 기가 거쳐가면서 집안 구석구석까지 습하고 불결한 기운이 퍼진다. 그래서 귀문방에 쓰레기통을 두는 것도 좋지 않다.

필자의 고객이 운영하던 대형 커피숍이 운영난으로 임시 폐업에 들어

갔는데, 느닷없이 대형 화재가 발생했다. 국과수는 CCTV 확인 후 포스기 콘센트에서의 자연발화라고 결론지었다. 고객과 점장은 방화범이 있다고 확신했지만, 몇 년밖에 안 된 매장에서, 그것도 가만히 있는 콘센트에서 불꽃이 튀는 것을 두 눈으로 보고도 그야말로 귀신이 곡할 노릇이었다.

알고 보니 남서쪽 카운터와 출입구가 지저분해 먼지가 쌓여 있었고, 복잡한 콘센트에서 발생한 스파크가 전선으로 옮겨지면서 자연발화가 된 것이었다. 단순한 우연이 아니었다. 남서쪽은 오후가 되면서 햇빛이 잘 들어 기온이 높아지고, 남서풍의 기운이 발화나 냄새 확산에 영향을 준다. 그래서 예로부터 귀문방은 청결히 하라고 했던 것이다. 특히 콘센트에 먼지나 말라 죽은 모기, 나방 잔해가 들어가 스파크가 옮겨갈 경우 귀신이 곡할 노릇이 일어난다.

습한 경우에도 냄새만 진동하는 것이 아니라, 습기로 인해 감전 사고가 일어날 수도 있다. 이 또한 귀신이 곡할 노릇이다. 즉, 남서쪽과 북동쪽 방향에 있는 각종 제품과 전선들이 청결하지 못하고 정리되어 있지 않은 상태에서 기운의 흐름이 왕성하게 흐르다가 우연히 발생한 자연재해라고 할 수 있다.

더 놀라운 것은 화재 발생 시간이 오후 3~4시경으로, 기온이 올라가는 오후 1시~5시 사이였다는 점이다. 대형 화재의 발화지점이 대부분 남서쪽에 많다는 것도 놀라운 사실이다. 귀문방인 남서쪽과 북동쪽에 중요한 공간을 배치할 때는 애초에 서사택과 어울리도록 배치하거나, 사전에 철저히 주의하거나, 항상 깨끗하고 청결하게 관리했어야 했다. 그렇다면 그 화재는 일어나지 않았을 것이다.

부(富)를 부르는
풍수 자리 배치

가장 중요한 부분을 아주 쉽게 설명하려 한다. 이 부분만 이해하고 넘어가도 큰 일을 피할 수 있고, 마치 돛단배가 바람을 타고 쑥쑥 나아가듯 순조로워질 것이다. 풍수(風水) 자리 배치는 자전과 공전을 하는 지구가 태양의 영향을 받는 환경을 슬기롭게 활용하는 지혜라 할 수 있다. 환경도 무의식의 습관이기 때문이다.

산 사람이 사는 집을 양택(陽宅)이라 하고, 죽은 사람이 묻히는 곳은 음택(陰宅)이라 한다. 양택풍수를 잘 활용하면 좋은 환경을 조성해 실속 있는 미니멀 라이프를 누릴 수 있다. 양택풍수의 핵심은 대문, 안방, 부엌의 위치를 잘 살펴 행운과 번영의 기운을 받도록 조절하는 것이다.

태양은 동쪽에서 떠오르므로 동쪽이 태양 에너지를 가장 많이 받는다.

태양은 남쪽을 지나 서쪽으로 넘어가기 때문에 동남쪽은 동쪽 다음으로 많은 에너지를 받는다. 그래서 동남향 집을 선호하는 이유가 여기에 있다. 또한 지구의 남극과 북극에는 강한 자기장이 형성되어 강력한 지구에너지가 발생한다. 북쪽은 자전축이 23.5° 기울어져 있어 더욱 중요하다. 즉, 동쪽·동남쪽·남쪽·북쪽은 햇빛이 잘 비치고 양절(陽節)의 에너지를 많이 받으므로 양사택(陽舍宅) 또는 동사택(東舍宅)이라 부른다.

반대로 태양이 서쪽으로 지면서 동쪽의 양기가 멀어지면 음의 기운이 강해진다. 동쪽에서 출발한 태양이 서쪽으로 기울 때 남서쪽은 서쪽 다음으로 음의 기운이 강해진다. 남서향이나 서향의 아파트를 추천하지 않는 이유 중 하나다.

세계적으로도 베네수엘라, 짐바브웨, 아르헨티나, 터키, 수리남, 이란, 스리랑카, 에디오피아, 가나 등과 같이 인플레이션이 심해 먹고살기가 힘든 상위권 국가들의 정부청사나 집들이 귀문방 중에서도 이귀문에 해당되는 남서향이다. 애초에 도시의 시가지를 설계할 때부터 잘못된 것이다. 풍수는 단순히 동양에서만 통하는 사상이나 관습이 아니라, 지구 전체에서 통용되는 과학이다. 상위층의 고객들 중에서도 남서향을 선호하는 사람들은 거의 없다. 대부분 정남향이나 남동향이다.

남서향에 오래 거주하면 암 발병률도 높아진다. 자사의 보험부서에서 암진단금이 청구될 때 오래 거주한 거주지를 살펴보면 깜짝 놀랄 때가 아주 많다. 암은 밤과도 관계가 깊다.

양의 기운이 강한 북쪽의 지구 에너지로부터 서쪽으로 멀어지면서 서쪽에 가까운 북서쪽도 음기가 차오르고 강해진다. 한편, 북동쪽에 해당되는 12월이 되면 지구가 약간 기울어지기 때문에 가장 춥고 음기가 한참이나 강해진다. 동사택의 방위를 제외한 나머지 서쪽, 남서쪽, 북서쪽, 북동쪽은 음절(陰節)의 에너지를 받는 음사택(陰舍宅) 또는 서사택(西舍宅)의 방위라 부른다.

요약하면, 동쪽, 동남쪽, 남쪽, 북쪽을 동사택의 방위라 하고, 서쪽, 남서쪽, 북서쪽, 북동쪽을 서사택의 방위라 한다. 정장을 할 때 구두와 흰색 와이셔츠를 입어야 잘 어울리고, 운동을 할 때 운동화와 반바지, 티셔츠를 입는 것이 잘 어울리는 것처럼, 동사택은 동사택끼리 기운이 잘 어울리고, 서사택은 서사택끼리 기운이 잘 어울린다는 것이 핵심이라 할 수 있다. 정장과 운동복이 서로 어울리지 못하는 것처럼, 동사택과 서사택도 조화되지 않고 기운의 충돌이 일어난다.

소리(音)도 마찬가지다. 밝고 명랑한 느낌을 주는 장조(Major key) 코드에서는 장조끼리 주로 잘 어울리고, 무겁고 어두운 느낌을 주는 단조(Minor Key) 코드에서는 단조끼리 주로 잘 어울린다. 물론 예외가 있기는 하지만, 동사택의 방위는 장조에, 서사택의 방위는 단조에 비유할 수 있다.

산 사람이 사는 집을 양택(陽宅)이라 하는데, 여기서 가장 중요한 3요소는 대문, 안방, 부엌이다. 이를 양택삼요(陽宅三要)라고도 한다. 사무실에서는 출입문(대문)과 사장자리(안방)가 최우선적으로 중요하다. 사람들이 드나드는 출입문인 대문, 집주인이 머무는 안방, 먹을 것을 조리하는 부엌이 그 세 가지다. 즉, 풍수 자리 배치에서 가장 핵심은 안방(사장자리)과 대문, 부엌을 동사택은 동사택끼리, 서사택은 서사택끼리 짝을 맞추어 한쪽 방위에 조화롭게 배치해야 길하다는 점이다.

출입문이 동쪽, 안방이 남쪽, 부엌이 북쪽이라면 모두 동사택으로 배치가 잘된 경우다. 반면 출입문이 동쪽, 사장 자리가 서쪽이라면 동사택과 서사택이 섞여 불배합이 된다. 자고로 큰 부자는 남쪽 방위에서 난다고 했으니, 이럴 때는 사장자리를 남쪽으로 옮기면 모두 동사택으로 조화를 이루게 된다. 木生火의 이치로, 사무실에 출입하는 손님들이 사장을 활활 잘 타오르게 해 좋은 일이 불처럼 일어나게 되는 형국이다. 동쪽은 장남의 방위이고 남쪽은 차녀의 방위이므로, 장남과 차녀가 잘 어울리듯 음양의 조화도 맞아떨어져, 음양과 오행이 모두 상생하며 선순환하게 되니 사장은 큰돈을 벌 수 있게 된다.

그렇지 않고 동사택과 서사택이 뒤섞이면 불배합이 되어 일이 풀리지 않고 흉하게 된다. 마치 구두를 신고 반바지와 티셔츠를 입은 듯 보기 흉하거나, 장조와 단조가 뒤죽박죽 섞여 음이 들쭉날쭉 조화를 이루지 못하는 것과 같은 이치다.

먼저 대문인 출입구의 방위가 정확히 어디인지 알아야 하고, 귀문방은 아닌지 반드시 살펴야 한다. 무엇보다 가장 우선으로 해야 할 일은 출입문의 방위가 안방이나 사장 자리의 방위와 같은 동사택 혹은 같은 서사택인지 확인해서 같은 짝으로 배치하는 것이다. 출입문, 안방(사장자리), 부엌(주방)은 동사택은 동사택끼리, 서사택은 서사택끼리 맞추어 배치하면 된다. 이 3요소만 제대로 확인해 배치하고, 다른 지저분한 것들은 최대한 줄이는 것이 가장 이상적이고 미니멀하다.

이 양택 풍수배치 안에도 미니멀 라이프의 요소들이 그대로 내포되어 있다. 미니멀 라이프에서 멀리 온 것 같지만, 오히려 이 부분이 핵심일 수 있다. 출입문과 거실과 안방의 2Bay를 동사택을 기준으로 잡으면 전체적으로 큰 그림이 그려진다. 현대 가옥은 거실 문화가 발달했기 때문에 거실과 안방을 한 공간으로 보아도 무리가 없고, 대체로 같은 방위에 배치되는 경우가 많다. 나머지는 최대한 미니멀하게 가꾸고, 대체로 들러리 역할을 하게 된다. 즉, 출입문(대문)과 안방(사장 자리)이 가장 중요함을 의미한다.

최우선으로는 출입문과 안방(사장 자리)의 방위가 동사택이나 서사택으로 같은 부류여야 한다는 것이다. 그다음으로 부엌의 방위가 조화를 이루어야 한다. 물론, 출입문, 안방, 부엌이 모두 동사택이거나 모두 서사택이면 가장 이상적이라 할 수 있다.

예를 들어, 집 중심에서 안방이 남쪽에 있다면 이는 동사택이므로, 출입문도 같은 동사택인 동쪽에 배치되어 있다면 매우 적합하다. 부엌 역시 같은 동사택인 북쪽에 있으면, 북의 차가운 냉기로 음식이 싱싱하게 보존되어 길(吉)하다 할 수 있다. 즉, 안방이 동사택이므로, 출입문과 부엌도 동사택의 방위로 조화를 살피는 것이다.

사무실의 경우도 마찬가지다. 사무실 입구가 동쪽에 있으면 동사택이므로, 사장 자리는 동사택인 남쪽 정도가 적당하다고 볼 수 있을 것이다. 동쪽으로 들어온 木의 기운이 사장 자리의 火를 더 잘 타오르게 하는 木生火로 상생하게 되어 매출이 쑥쑥 잘 나오게 된다. 동사택의 북쪽을 탕비실로 정한 경우에도 水의 기운이 출입하는 직원이나 손님들에게 水生木으로 상생하게 되어 아주 원활히 돌아가게 된다. 순환이 잘되어 재물운이 들어오게 되는 것이다.

이 외에도 화장실 같은 흉한 장소는 가급적 햇빛이 잘 드는 동사택의 방위에 있어야 길하고, 대문인 출입문을 열었을 때 안방이나 화장실 및 주방이 바로 보이면 흉하다. 어쩔 수 없는 경우에는 화분을 두어 중화시키면 된다. 동사택과 서사택의 방위는 필자가 제작한 그림을 기초로 해서 실전에 적용하면 된다.

집이나 사업장의
출입문이 귀문방(鬼門方)?

현대 건물의 출입문은 이미 만들어질 때부터 고정되어 있기에, 집이나 사무실 또는 가게를 임차할 때도 출입문의 방위가 어떻게 되어 있는지를 먼저 알고 접근하는 것이 임차의 중요한 핵심이라고 볼 수 있다.

남서쪽과 남쪽은 전혀 다른 방위이고, 북동쪽과 북쪽도 완전히 다른 방위다. 사소해 보일 수 있지만, 환경이라는 습관이 쌓이는 수십만 시간의 법칙을 생각하면 결코 작은 차이가 아니다. 풍수 자리 배치는 습관이고, 습관은 인생을 바꾸며, 인생은 운명을 바꾸게 된다.

만약 구하고자 하는 가게나 사무실의 출입문이 귀문방인 남서쪽일 경우에는 사장 자리는 같은 서사택의 방위인 북서쪽이나 서쪽 또는 북동쪽 중의 하나로 선택의 폭이 좁아진다. 이때 서쪽에 직원 자리나 회의

테이블, 화분 등을 두어 남서쪽 출입문과 직선으로 마주하는 북서쪽 사장 자리의 상극을 완화시킬 수 있다. 이렇게 하면 남서쪽에서 들어온 土의 기운이 북서쪽 사장의 金 기운을 북돋아(土生金) 상생하게 된다.

한편, 북서쪽은 아버지의 방위이며, 남서쪽은 어머니의 방위이므로, 음양이 조화된다. 남서쪽과 서쪽, 그리고 북서쪽은 모두 서사택의 방위이고, 사장은 가장 높은 북서쪽에 위치하고 있으므로, 잘 조화시킨 배치라고 할 수 있다. 즉, 입구 방위의 동서사택 여부에 따라 사장의 자리를 최우선으로 고려할 수 있다.

단, 남서쪽과 북동쪽은 귀문방으로 항상 청결히 유지해야 하고, 귀문방의 형상이 흉한 집에는 애초에 들어가지 않도록 해야 한다. 물론 출입문이 남서쪽인 서사택의 방위인데, 사장 자리나 안방이 동사택의 방위인 경우에는 살(殺)이 되므로, 흉한 배치가 된다. 최우선적으로 서사택의 방위는 반드시 서사택으로 맞추어서 조화를 시켜야 한다. 동사택의 방위는 두말하면 잔소리다.

한편, 출입문의 방위가 서사택인 북동쪽인데, 문의 방향을 그 자리에서 90도로 돌리게 되면 귀문방의 피해를 어느 정도 완화시킬 수 있게 된다. 처음에 집이나 사무실을 구할 때도 가급적 귀문방인 남서쪽이나 북동쪽 출입문은 피하도록 하고, 어쩔 수 없는 경우, 차선책을 고려해 배치에 신경 쓰면 액운도 피해갈 수 있다.

뭔가 하는 일마다 잘 안 되거나 집안일이 잘 풀리지 않는다면, 미니멀 게임을 시작하면서 새로운 마음으로 이사를 가보는 것도 아주 좋은 방법이 될 수 있다. 이 책을 통해 얻게 된 지혜와 슬기를 통해 새로운 에너지를 얻을 수 있을 것이다.

재물운을 부르는
집안 분위기

재물은 음의 영역에서 축적되기 때문에 음의 기운이 아주 강하다. 해가 뜨는 동쪽은 봄과 같고, 해가 지는 서쪽은 가을과 같다. 가을이 되면 벼나 곡식을 수확하기 때문에 기쁨이 따르고 금전이 들어오게 된다. 그래서 재물운은 서쪽 방향에서 들어온다고 한다.

음의 영역에서 축적된 재물은 양의 영역에서 유통되어 순환되고, 다시 음의 영역으로 축적된다. 서쪽 방향에 햇빛이 직접 들지 않도록 하고, 커튼을 달아 살짝 어두운 분위기로 인테리어를 하면 재물운을 왕성하게 만들 수 있다. 서쪽 방향으로 조명이 있다면 약간 어두운 것이 좋다. 너무 밝으면 돈이 모이지 않고 오히려 잘 새어나가고 도망가는 기운이 생기기 때문에 재물운을 증발시켜버린다.

한편, 남쪽의 지나치게 강한 빛은 재물을 모이지 않게 한다. 남쪽 창문에 이중으로 커튼을 달아 하얀 속커튼으로 막아서 남쪽의 강한 빛이 음의 기운인 재물운을 날려 보내지 않도록 환경을 조성하면 좋다. 속커튼은 남쪽에서 치솟는 강한 기운을 누그러뜨려 주는 역할을 한다. 낮에 암막커튼으로 햇빛을 완전히 가리라는 뜻은 아니다.

화장실이나 주방은 항상 습하지 않도록 관리해주어야 하고, 귀문방은 항상 청결하게 유지해야 한다. 한편, 살기(殺氣)가 있는 선인장이나 사기(死氣)를 풍기는 조화나 말린 꽃 등의 죽은 화분은 집안에 두지 말도록 하자. 화분은 생기(生氣)가 넘치는 동양란으로 한두 개 정도 두어 잘 관리하면 좋다. 난초는 집안에 두는 식물 중 감히 으뜸이라 할 수 있다.

가스레인지 같은 화기의 맞은편에 어항이나 수족관을 두어 상극이 되지 않도록 하고, 어항의 크기가 너무 크면 오히려 해가 된다. 복도나 이동통로 같은 사람들의 움직임(動)이 많은 곳의 코어에 해당되는 명치 정도의 적당한 높이에 어항을 두면 부자가 되고 큰 재물복을 누릴 수 있다. 어항을 두는 높이가 심장보다 너무 높으면 정신이 혼란스럽고 재물운이 나빠지며, 무릎보다 낮아 어항이 보이면 집안의 가장이 물로 들어가는 형국이 되어 가족이 몰락하고, 재산상의 손해를 보게 된다. 물은 쇠약해진 것을 북돋우고 재물을 주관하지만, 그렇다고 언제나 좋은 것만은 아니다. 물이 담긴 어항은 반드시 깨끗하게 관리해야 한다. 바쁜 생활로 어항이나 물고기를 제대로 돌보기 어렵다면 아예 두지 않는 편이 낫다. 그만큼 관리의 중요성을 강조하는 것이다.

아이들 방은 동쪽의 젊은 기운을 받아 성장을 돕도록 하는 것이 바람직하다. 아들은 북동쪽이나 동쪽이 좋고, 딸은 동남쪽이나 남쪽이 좋다. 책상은 창문을 등지지 않게 배치하고, 재질은 원목을 선택하는 것이 가장 좋다.

무엇보다 집을
잘 골라야 하는 이유

가족 구성원 중에서도 집의 풍수로 인한 길흉화복을 가장 크게 받는 사람은 바로 집에서 가장 오랜 시간을 보내는 여자인 주부라 할 수 있다. 집(宀)에 여자(女)가 있어야 비로소 집이 편안해(安)지는 것도 이 때문이다.

집이 길(吉)해 여자가 좋은 기운을 많이 받으면 현모양처가 된다. 현모양처의 내조를 받은 남편은 사회에서 성공가도를 달리게 되고, 어머니의 사랑을 듬뿍 받은 자녀들은 밝고 건강하게 자라나서 집안과 가문이 번영하게 된다. 결국 주부는 남편과 자녀들의 운세를 좋은 방향으로 이끌어주는 핵심적 존재인 셈이다.

그래서 좋은 집에서 여자가 좋은 기운을 받으면 좋은 일이 생기게 된다. 오바마 대통령이 모든 것을 어머니의 공으로 돌리고, 추신수 선수 또한 모든 영광을 아내에게 돌린 것처럼, 주변에서도 비슷한 사례들을 쉽게 찾아볼 수 있다.

본론으로 돌아가 보면, 그래서 집을 살 때는 신중히 잘 사야 하고, 집안에 운이 따라올 수 있도록 배치를 잘 해야 한다. 만물의 터전이 대지(大地)에서 비롯되듯, 집안의 모든 것은 대지와도 같은 여자로부터 비롯되기 때문이다. 흉한 집을 매수해 사느니 차라리 전세나 월세를 살더라도 기운이 좋은 집을 선택하는 것이 낫다는 사실을 잊지 말아야 한다.

미니멀 라이프에 이어 풍수의 원리를 알고 있는 것과 모르는 것은, 현대 자본주의 사회에서 마치 태평양 한가운데서 나침반이 있느냐 없느냐 만큼의 큰 차이를 만든다.

오랜 세월 수많은 물건들을 접하면서 겉보기에는 같아 보여도 곳곳에 지뢰처럼 흉한 기운이 숨어 있다는 사실에 놀라지 않을 수 없었다. 반대로 부자가 되어 나간 집들의 풍수 배치를 살펴보면, 그 역시 놀라운 일들이 한두 가지가 아니었다. 과연 단순히 운이라고만 할 수 있겠는가? 이 책을 읽는 사람이라면, 밟고 있는 부(富)를 지탱해주는 자본주의의 투명유리가 더욱 견고해질 것이라 확신한다.

흥망성쇠의 운명이 좌우되는 실전 풍수 자리 배치

양택 풍수배치에서 가장 중요한 요소는 출입문(대문), 사장자리(안방), 주방(부엌)이라고 했다. 현대 건물에서는 이미 출입문의 방향이 정해져 있기 때문에, 그에 맞춰 사장자리(안방)을 어떻게 두느냐가 핵심이 된다. 무엇보다 중요한 것은 출입문과 사장자리의 조합이며, 이 배치에 따라 음양과 오행이 조화를 이루면 두고두고 번영을 가져올 수 있다. 이는 돈으로 환산할 수 없는 귀중한 지혜라 할 수 있다.

기본적으로 출입문(대문)과 사장자리(안방)가 동사택일 경우에는 동쪽(長男)과 남쪽(次女), 남동쪽(長女)과 북쪽(次男)이 짝을 이루고, 서사택일 경우에는 남서쪽(母)과 북서쪽(父), 서쪽(三女)과 북동쪽(三男)이 짝을 이룬다. 이처럼 방위의 짝이 잘 맞으면 음양의 조화가 이루어진다. 풍수에서는 크게 동사택과 서사택으로 구분한다.

- 동쪽(長男) 출입문, 사장자리 남쪽(次女) 양음 木生火 동사택
- 남동쪽(長女) 출입문, 사장자리 북쪽(次男) 음양 水生木 동사택
- 남쪽(次女) 출입문, 사장자리 동쪽(長男) 음양 木生火 동사택
- 남쪽(次女) 출입문, 사장자리 북쪽(次男) 음양 水剋火 동사택
- 남서쪽(母) 출입문, 사장자리 북서쪽(父) 음양 土生金 서사택
- 서쪽(三女) 출입문, 사장자리 북동쪽(三男) 음양 土生金 서사택
- 서쪽(三女) 출입문, 사장자리 북서쪽(父) 음양 金金 서사택
- 북서쪽(父) 출입문, 사장자리 남서쪽(母) 양음 土生金 서사택
- 북쪽(次男) 출입문, 사장자리 남동쪽(長女) 양음 水生木 동사택
- 북동쪽(三男) 출입문, 사장자리 서쪽(三女) 양음 土生金 서사택

다섯 번째

아파트 다운사이징
(Downsizing)

**오직 미니멀리스트만
누릴 수 있는 공간의 마법!**

현재의 가치를 최적화시키는 미니멀리스트

비우기를 작심하고 1년이 넘는 시간 동안 많고 적은 양의 비움이 수없이 반복되었다. 그렇게 많이 비웠음에도 생각보다 팍팍 줄어들지는 않았다. 습관이 하루아침에 만들어지지 않듯, 비우는 일 역시 하루아침에 끝나는 것이 아니었다.

진도가 빨리 나가는 때도 있었지만, 전혀 진전이 없는 날도 많았다. 그래서 한번 시작하면 가급적 물건을 들이지 않는 것이 중요하다. 수많은 물건은 마치 머리카락부터 발끝까지 나의 모든 신체에 귀신처럼 매달려 있는 듯한 느낌을 주었다. 그 물건들은 단지 공간만 차지하고 있었던 것이 아니라, 내 머릿속의 생각마저도 잠재의식 속에서 복잡하게 만들고 있었던 것이 분명해지는 순간이었다.

수십 년 동안 묵은 때가 벗겨지듯, 채워져 있던 공간을 비우고 물건을 버릴 때마다 수십 년 동안 반복해온 묵은 습관을 함께 버리는 듯한 느낌이 들었다. 미니멀 라이프로 가는 여정은 결코 하루아침의 벼락치기로 이룰 수 없는 일이다. 그러므로 미니멀 라이프는 유익하고 효율적인 습관임이 분명하다.

오랜 시간 동안 저장을 해왔거나, 오랫동안 맥시멀 라이프를 고수해온 사람일수록 미니멀 라이프의 종착역에 다다르기까지는 생각보다 훨씬 많은 시간과 큰 대가가 따른다. 필자 또한 아주 길고 긴 여정을 겪고 난 후에야 비우는 행위에 탄력이 붙을 수 있었다.

미니멀 라이프에 안착하는 데는 많은 시간이 소요되기 때문에, 중도에 여러 이유로 포기를 하거나 지연되거나, 일이 바빠 한동안 잊어버리거나, 다시 본래의 삶으로 돌아가거나, 중도에 하차하거나, 또다시 시작하거나, 맞지 않다고 생각하고 포기하는 등 수많은 정체와 지연의 과정이 생기기 마련이다.

오늘의 운동을 완성하는 오운완도 하루만 쉬어도 그 짧은 단 하루로 인해 습관의 흐름이 끊기곤 한다. 금연에 성공했던 사람도 술자리에서 무심코 핀 담배 한 개비로 순식간에 실패하는 경우가 많다.

그래서 습관이 완전히 정착될 때까지는 하루도 쉬지 않고 연속성을 부여하는 것이 좋다. 물건을 비우는 일도 마찬가지다. 하루라도 쉬면 금세 다시 쌓이거나 정체되기 쉽다. 가능한 한 매일 꾸준히 실행해 습관의 힘이 작용하도록 하면, 오히려 무리 없이 자연스러운 관성이 생기게 된다. 자동적으로 이어지는 이 관성이 무엇보다 중요하다.

물론 미니멀 라이프를 강요하는 것은 아니다. 하지만 하루라도 빨리 시작할수록 새로운 영감과 또 다른 인생의 가치를 깨닫고, 그 가치로 향하는 제2의 삶을 즐길 수 있을 것이다. 그래서 아직은 채움에 대한 갈망이 더 큰 젊은 세대보다는, 그 이상의 연령층에서 더 많은 미니멀리스트들을 만나게 되는 것 같다.

미니멀리스트는 미니멀 라이프를 완성한 이후 비로소 현실적인 가치를 최적화해 활용한다. 정신적 에너지를 낭비하지 않으며, 인간과 시간의 소중함을 더 깊이 깨닫는다. 최소한 1,000개 이상의 쓸모없는 물건을 떠올리고 버리는 동안 수없이 많은 것을 반복적으로 느꼈기 때문이기도 하다.

시간이 가면 갈수록 앞으로는 물건을 저장하고 모으는 시대에서, 물건을 저장하지 않는 시대로의 탈바꿈 현상이 더욱 가속화될 것이다. 환경, 시스템, 업무, 라이프 스타일, 습관, 인테리어까지도 이에 걸맞게 변화하고 있다. 참으로 놀라운 변화가 아닐 수 없다.

교과서 속 수백 년 전 작가들이 인생무상(人生無常)과 덧없음을 노래했던 것도, 시대만 다를 뿐 지금의 미니멀리스트들이 느끼는 실용주의와 다르지 않다. 결국 소유욕과 물욕의 무의미함을 깨닫는 맥락은 같기 때문이다.

현재를 사는 미니멀리스트는 지금 살아 있음을 온전히 느낀다. 그래서 바로 실행에 옮기고, 과거가 아닌 지금 이 순간을 가장 소중히 여긴다. It's now or never! 지금이 아니면 없는 것이다. 미니멀리스트는 물건을 비운 대신 생각, 가치, 시간, 사람, 그리고 행복감으로 그 빈자리를 채워나가고 있다.

저장된 물건의 개수를 줄이고
자산의 크기를 늘려라

미니멀 라이프는 물리적인 물건들을 비우게 하는 대신, 은행 통장이나 배당 계좌 자산의 크기가 조금씩 늘어나도록 해준다. 점점 쓸데없는 물욕을 줄여주니 한 푼이라도 덜 소비하게 되고, 줄줄 새어나가던 돈도 눈에 띄게 줄어든다. 결국 시간이 흐르면 금융자산과 재물은 늘어나고 쌓인다.

한 개인의 에너지 총량의 법칙 측면에서도 물건으로 인해 수많은 시간과 돈, 에너지가 빼앗기고 낭비된다. 잡동사니를 버려야만 새롭고 신선한 재물 에너지가 들어올 자리가 생긴다. 이는 인간관계에서도 같다. 쓸데없는 갈등에 계속 에너지를 소모하고 있다면, 그 시간을 과감히 끊어내야만 새로운 좋은 에너지가 들어올 수 있다.

그러니 이제는 불필요한 물건을 버리고, 하루라도 빨리 금융자산의 크기를 늘리는 일에 관심을 가져야 한다. 세상의 수많은 사람은 가진 것이 없는 사람의 말은 아무리 옳아도 믿지 않지만, 가진 사람의 말은 설령 말이 되지 않아도 곧이곧대로 따른다. 자본주의 세상에서는 돈이 있어야 사람 구실을 할 수 있다는 사실을 결코 간과해서는 안 된다.

쓸데없는 물건에 미련을 버리고, 금융자산 증식에 집중해야 한다는 간절한 증언이다. 아주 슬픈 이야기지만, 차갑게 가슴으로 받아들여야 한다. 아직도 시작하지 못한 이가 있다면, 지금 당장 불필요한 물건을 비우고, 계좌 속 숫자가 조금씩 늘어나도록 마음을 단단히 붙잡아야 한다.

절대 사면
안 되는 새 물건

부동산 시장에서 자가(自家)는 원천적으로 전세 사기를 당할 일이 없다. 반면 비우량 물건에 전세 세입자로 살다 보면, 고의든 미필적 고의든, 전세제도가 존재하는 대한민국에서는 전세사기를 당할 위험이 늘 도사리고 있다. 즉, 저렴하고 좋지 못한 환경에서 살면 결국 좋지 못한 일을 겪게 될 가능성도 크다는 것이다.

이런 이유로 신축 오피스텔을 분양받거나 신축 빌라를 사는 이들이 있지만, 오래된 구축 아파트를 매수할지언정 오피스텔은 가급적 분양받거나 새로 매수해서는 안 된다. 돈이 남아돌지 않는 이상 반드시 명심해야 한다. 수익형 부동산인 오피스텔만 피하더라도 신혼 계획이나 노후 계획의 반은 성공한 셈이다.

오피스텔은 대출이 하나도 없다고 가정해도, 세금과 관리비, 유지 비용, 시간을 제하고 나면 일반적으로 은행 이자에도 못 미치는 수익형 상품이다. 대출이 있다면 수익률은 더 떨어져 애물단지가 된다. 상업지역에 위치한 특성상, 시멘트 100년 양생시대라 해도 건물의 개벽은 어렵다. 오피스텔은 상점의 물건처럼 분양되는 순간부터 상품 가치가 곤두박질치고, 노후되면 신축에 바로 밀려버린다. 이는 경쟁이 치열한 아이돌 세계와도 흡사하다. 무엇보다 심각한 문제는 거래 자체가 거의 이루어지지 않는다는 점이다. 즉, 오피스텔 매수를 통해 큰 부가가치를 얻을 수 있다는 기대와 희망은 이미 끝났다고 봐도 절대 과언이 아니다.

이미 오피스텔에 거주하는 사람은 본인이 살고 있으니 거래가 힘들다는 사실을 체감하지 못한다. 하지만 아무리 초특급 교통 호재가 있어도, 2억 원짜리 신축 오피스텔을 분양받는 것보다는, 꼭 경매 물건이 아니더라도 30~40년 된 2억 원짜리 아파트를 매수해 인테리어를 새로 하는 것이 경제적으로는 백만스물한 번 더 유리하다.

한편, 경매 물건은 자세히 들여다보면 반드시 문제가 있다. 이전 거주자가 몰락해 피눈물이 서린 물건이기에, 아무리 싸다 해도 거주 목적으로는 쳐다도 보지 않는 것이 상책이다. 지독한 나쁜 기운은 주인이 바뀌고 도배·장판과 인테리어를 새로 한다고 해도 단번에 사라지지 않는다. 자세히 살펴보면 현장 고유의 특수한 문제점이 숨어 있거나, 방위나 내부 구조에 큰 결함이 반드시 있기 마련이다.

물건을 소유하지 말고
집과 50년을 걱정해라

이 사회를 살아가는 동안 어리석고 미련한 선택을 하는 사람들을 어렵지 않게 찾아볼 수 있다. 이를테면 집도 없으면서 집 꾸미기에 지나치게 많은 비용을 들인다거나, 자기 집도 아닌데 집을 가꾸고 수선하는 데 집착하는 경우가 그렇다. 미니멀리스트들은 이런 잡일에 돈을 쓰지 않는다.

그 행위가 나쁘다는 말은 아니다. 하지만 결과적으로 주와 객이 전도되어 남의 집을 위해 시간과 돈을 낭비하는 꼴이 된다. 이 얼마나 안타까운 일인가? 부동산 전문 투자자들 사이에서는 이런 이들을 오히려 득이 되는 세입자로 분류한다.

극단적으로 말해서, 집이 텅텅 비어 있어도 차라리 집이 있는 것이 낫고, 혼수를 하나도 못 해와도 집이 있는 것이 낫고, 가전제품이 단 하나도 없어도 집이 있는 것이 낫고, 집이 다 낡아 썩어빠졌어도 집이 있는 것이 낫다. 오피스텔을 분양받을 바에는 무조건 오래된 아파트라도 매수하는 것이 낫고, 주택수에 포함되지 않더라도 오피스텔은 없는 것이 낫고, 오피스텔이 아니더라도 생활형 숙박시설 역시 없는 것이 낫다. 발품 팔기 귀찮다고 신축 빌라를 매수하지 않는 것이 낫고, 쉽게 얻어진다 싶은 지역주택조합 아파트도 계약하지 않는 것이 낫다.

물건은 집보다 훨씬 후순위다. 그런데도 사람들은 물건에 집착한다. 세입자로 살면서 물건에만 집착하는 것은 정말 미련한 일이다. 진짜 중요한 것은 곧 잡동사니 물건들이 아니라, 거주할 수 있는 주택, 아니면 집에 상응하는 권리나 집값에 준하는 계좌 잔고다. 사실 늠름한 자신감은 집에서보다도 대출 없는 통장에서 더 강하게 뿜어져 나온다. 즉, 최우선 순위는 잡동사니가 아니라 거주할 집(住宅)이나 금융자산이다. 그리고 이 집은 대출이나 관리비 같은 유지 비용이 최대한 적게 나와야 한다.

무주택자의 경우, 고가의 아파트를 무리하게 대출을 받아 사라는 것이 아니다. 고가의 아파트가 꼭 번영을 가져다주는 것도 아니다. 아파트나 소파가 너무 크면 오히려 그것이 더 큰 존재감으로 인식되어 주인의 기를 빼앗아버린다. 아울러, 장사가 굉장히 잘되던 작은 가게가 평수를 늘렸다가 망하는 사례들을 많이 보지 않았던가.

서울 기준으로 주거 전용 12~15평 정도의 낡은 아파트라도 상관없다.

13평 남짓한 공간도 어떻게 리뉴얼하느냐에 따라 훨씬 넓고 우수하게 느껴질 수 있다. 물건을 비우거나 버리고, 압축하고, 초소형·초강력으로 무장해 생활을 최적화하면 공간 활용 효율은 충분히 높아진다. 더구나 지방으로 갈수록 아파트 가격은 훨씬 관대해지니 여유롭게 계획할 수 있다.

물론 금전적 여유가 되어 좀 더 넓은 집에 살면 좋겠지만, 가장 중요한 것은 의식주에 최적화되어 있는 집의 유무나 계좌금액의 크기지, 소모품에 불과한 쓰지도 않는 물건들이 아니라는 것이다.

단, 집에 있어 평생 기억해야 할 중요한 사실이 있다. 시장에서 거래가 매우 힘든 순으로 오피스텔, 생활형 숙박시설, 지역주택조합 아파트 분양권, 아파텔, 신축빌라 등은 애초에 쳐다보지 말도록 하자. 최첨단으로 설계된 인테리어를 구경이라도 하게 되면 눈이 갈 수도 있고, 눈이 가면 사람인지라 수려하고 우수한 영업인들의 말발에 홀린 듯이 계약하는 경우가 허다하기 때문이다.

원할 때 거래가 되지 않는다는 것은 다른 기회를 완전히 박탈당한다는 의미다. 특히 오피스텔은 살아 있을 때도, 죽어서도 거래가 잘 안 된다. 결국 공매로 넘어가는 경우가 많다. 따라서 보유 중이라면 기회가 왔을 때 반드시 팔아야 한다. 시간이 갈수록 노후될 뿐이며, 더 나은 대체 수단은 널리고 널렸다.

모델하우스의 화려한 하이엔드 인테리어, 빌트인 가전이나 시스템 드레스룸 등에 철저히 불혹(不惑)해야 한다. 주와 객이 거꾸로 전도되면 안 된다. 뭣이 중요한지를 알아야 한다. 못생긴 사람이 화장을 짙게 하고, 몸매 자신 없는 사람이 헐렁한 옷을 입는 것과 같은 이치다.

또한 지역주택조합 신규 분양 계약도 대부분 매우 오랜 시간이 걸려 정신 건강에 심각하게 해로울 수 있다. 아파트 공화국인 대한민국에서, 결국 가장 무난하고 주거에 최적화된 것은 아파트다. 여성들의 선호도가 가장 높다는 점도 부정하기 어렵다.

미래의 대한민국 부동산 시장

자본주의에서는 아파트나 빌딩을 건설하는 행위조차도 당연한 말이겠지만, 모두 돈과 직간접적인 연관이 있다. 즉, 수익을 만들어내는 이른바 사업성이라는 것이 뒷받침되어야 이 건설사업이 진행될 수 있다. 원자재 가격 상승으로 건설 경기가 불안정하면, 공사가 진행 중에도 준공을 하지 못하는 경우가 생긴다. 그렇다 보니 맨땅에 짓는 것이 아닌 이상, 이미 사업이 진행되는 지역의 용적률은 점점 더 높아질 수밖에 없다.

부동산 물건의 매도가 투매로 일어날 때는 남들 관계없이 막 던지고, 매수할 때는 먼저 매수하려고 덤벼드는 것이 탐욕이 섞인 자본 시장의 인간들인지라, 사업성이 있는 물건들도 결국에는 높이가 더 높아지게 되어 있다.

문제가 생기고 슬럼화로 인해 비어 있는 물건들도 적은 숫자가 아니지만, 공존하면서 군데군데 알게 모르게 늘어나게 된다. 고층과 저층, 신축과 구축, 고가와 저가, 활성화와 방치화, 정책의 규제와 완화로 극단적으로 양극화되어 있는데도 계속해서 새 건물은 생기게 된다.

설사 건물 틈 사이로 대형붕괴사고가 일어난다 해도 언제 그랬냐는 듯이 시간이 지나면 높아진 물가에 맞춰 새로운 빌딩은 하늘을 찌를 듯이 더 높이 올라가게 된다.

2차 세계대전이나 6·25전쟁 이후에 한 해에 80~90만 명씩 태어나던 베이비붐 세대가 은퇴를 해 노후로 접어들게 되면서 발생하는 부동산 대세 상승기는 대한민국뿐만 아니라 전 세계 각국의 베이비붐 세대가 은퇴를 하는 과정에서도 이론적으로 예상할 수가 있었다. 이는 지구가 아닌 베이비붐 세대가 있는 다른 별에서도 마찬가지일 것이다.

베이비붐 세대를 통한 부동산 화양연화(花樣年華)의 시기는 거의 지나가고 있다. 물론 새로운 세대나 정책이 다양한 방법으로 이를 대신할 것이다. 러·우 전쟁이 발발하면서 원자재값은 급등했고, 전쟁 이후에는 재건축이나 재개발의 사업성이 나오지 않거나 분양가격 자체가 터무니없이 많이 올라 사업 진행이 원활하지 않고 앞으로도 그러할 것이다.

물가는 항상 여러 종류의 가면(假面)으로 원인을 바꾸어가며 결국에는 상승하게 된다. 앞으로밖에 갈 수 없기 때문이다. 대세 상승장에서는 정부 또한 어쩔 수 없이 흐름이 둔화되거나 꺾일 때까지 강하거나 혹은 약한 부동산 규제를 할 수밖에 없다. 반면 아직 대세 상승장도 아닌데 부동산 규제가 난무한다는 것은 결국은 오를 수밖에 없기 때문에 규제한다는 속뜻이 숨어 있다.

섬나라보다 부동산의 가치를 더욱 견고하게 생각하는 성향이 강한 한반도(韓半島)에서는 부동산이 큰 부분을 차지할 뿐만 아니라 자산 시장에도 큰 영향성을 미친다. 정부도 때가 되면 계속해 세금을 거두어야 하기 때문에 물가와 부동산 가격에 역행할 수 없는 입장이다. 그래서 통상적으로 부동산은 결국에는 오를 수밖에 없는 구조다. 강남의 부동산 부자인 고객분들이 철저히 믿고 있는 부분이다.

그럼에도 불구하고, 새로 지은 도심의 신축 아파트는 인기를 누리지만 시간이 경과하면 또 다른 신축에 밀리게 된다. 아파트의 노후화가 진행되면서 가격의 상승은 제한이 있게 되고, 이 신축화와 노후화의 사이클은 평생토록 계속해서 반복된다.

현재의 출산율은 0.7명으로 매우 심각하다. 계속해서 새로운 출산 대책이 마련되지만, 베이비붐 세대 때만큼의 출산율이 나오지 않는다. 부동산 공실률도 많아지고, 핵심적으로는 부동산의 양극화, 노른자화, 신축화, 고급화, 빌딩화, 고층화, 슬럼화, 공실화, 외국인화가 기형적으로 심해지게 된다. 이후 강력한 출산 대책이 일어나 시간이 지나면 다시 거래량이 활발해지게 된다.

평균수명이 현재 약 85세에서 향후 약 100세 근방까지 생각보다 금세 늘어나게 될 것이다. 다운사이징을 통해 과도한 대출을 없애고, 미니멀 라이프를 실천해 군더더기 없이 상대적으로 무리가 되지 않는 지출 패턴의 루틴이 만들어지면, 고물가와 오르긴 오르지만 더디고 양극화된 미래의 불확실한 부동산 시장에서도 100세를 넘어 심지어 120세까지도 생존하는 데 유리한 계층이 될 수 있을 것이다.

만약 대출이 3억 원이 있는 경우 다운사이징을 통해 1억 원 정도로만 줄여도 월 대출이자가 최소 약 30만 원 정도밖에 나가지 않는다. 0원이면 좋겠지만, 어쩔 수 없는 경우 이 정도까지만 줄여도 심리적인 부담이 줄어들고 생활에도 큰 변화가 찾아온다. 단, 미니멀 라이프를 선행해야 한다.

250만 원 벌어와서 100만 원은 대출이자 내고, 100만 원은 고정지출 부담하고, 기타 잡비로 50만 원을 쓰는 대표적인 현대판 노예 사례인 한 사람의 경우를 잠깐 살펴보자. 아파트 다운사이징을 하면 대출이 0원이 되고, 고정지출 최적화와 보험 최적화 및 각종 최적화와 미니멀 라이프를 적용시키니 최소한의 비용만 지출이 되어, 250만 원을 벌어와도 200만 원이 남으니 생활과 여유가 180도 달라지게 된다. 여유와 자신감은 지갑에 있기 때문이다.

먼 미래에 만약 남북통일이 될 경우에도 부동산 가격이 무턱대고 떨어진다는 뜻이 아니라, 공실화, 슬럼화, 양극화는 피할래야 피할 수 없는 현상이라는 것이다. 그래서 올라가기야 올라가겠지만, 무조건적인 장밋빛 미래만을 약속할 수는 없다. 결국 각개전투의 자본주의 장에서 제각기 살아남아야 할 것이다.

그렇기에 대세 상승기에는 대출의 지속 유지 가능성의 이유로 부동산의 매도도 어느 정도 필요한 것이다. 노후로 접어드는 과도기에는 부동산 담보 대출로 인해 무리가 가지 않도록 하는 것이 중장기적으로도 불안하지 않고 재정적으로도 안정적일 수 있다. 아무리 대세 상승장이라 하더라도, 예를 들어 2,000세대 아파트에서 모두 다 매도할 수 있는 것은 아니다.

몇 평이면
부족하지 않겠는가?

오직 거주자만 전용으로 사용하는 거주자의 방, 주방, 거실, 화장실, 베란다까지를 이른바 거주자의 주거 전용면적이라 하는데, 간단히 전용면적이라 한다. 복도, 엘리베이터, 계단 등은 여러 사람이 함께 쓰는 주거 공용면적이라 하는데, 주거 공용면적에 주거 전용면적을 합해 공급면적이라고 한다.

네이버 부동산 등에서 해당 아파트의 면적을 표현할 때도 주로 공급면적과 전용면적을 동시에 표시하고 있다. 일반적으로 전체 공급면적에서 주거 전용면적이 차지하는 비중은 대략 75~80%인데, 이를 전용률이라고 한다. 보통 주상복합일수록 공용구간이 많아 전용률은 떨어지는 경향이 있다.

공용면적은 실질적으로 주거공간에 있어 크게 의미가 없다고 보아도 무방하다. 결국 나의 생활에 가장 밀접하게 관계되어 있는 것은 거주자의 주거 전용면적이 몇 평인가 하는 점이다.

자, 그럼 2인 부부 기준으로 주거 전용면적이 몇 평 정도면 부족하지 않고 살아갈 수 있겠는가? 그 전에 우리는 지금 미니멀 라이프를 논하고 있다는 사실을 잊지 말자. 어느 정도 미니멀 라이프에 근접하고 공간을 최적화시켰을 때, 실제로 2인 부부 기준 주거 전용면적 약 12~15평 정도면 간단한 아이디어를 접목해 인테리어 후 매우 훌륭한 공간이 나올 뿐만 아니라, 둘이 함께 피부 맞대고 살기에도 충분하다.

거실 문화를 선도하는 아파트 공화국의 기준에서 볼 때, 거실이 넉넉하지는 않지만, 부족하지 않을 정도의 안락한 여유 공간을 만들어낼 수 있다. 관리비와 유지비, 세금도 매우 경제적이고 합리적이어서 미니멀리스트가 되고 제대로 된 보금자리를 마련하면 실질적인 만족도가 아주 높은 경우가 많다. 물론 이 축소화를 진행하는 과도기에는 많은 불편함을 토로하기도 한다.

요즘 신축 계단식 브랜드 아파트의 가장 작은 평형대, 공급면적 약 26평의 경우, 전용면적이 약 18평이다. 그러니 전용면적 13평은 결코 작은 평수가 아니라는 점을 인지해야 한다. 단, 최적의 효과를 누리려면 개인차는 있겠지만, 반드시 미니멀 라이프가 선행되어야 한다. 그래서 해볼 만한 것이다. 이렇게 되었을 때 가장 큰 장점은 대출이 없어져 심리적으로도 여유가 생긴다는 점이다. 게다가 집이 작아졌는데도 불구하고 상대적으로 공간이 작지 않게 느껴지는 것이다.

과거 공급면적 24평, 전용면적 18평, 방 3개, 화장실 1개 구조의 계단식 정남향 브랜드 아파트를 추천드렸을 때, 대출을 조금 더 받아서 큰 평형대로 가면 되지 않느냐는 반응도 많았다. 틀린 말은 아니었지만, 그때는 라이프스타일까지 컨설팅할 수는 없었다. 오히려 그 아파트의 소형 평형대는 화장실이 하나 줄어 풍수적으로 꺼려지는 불결한 공간이 사라졌다. 화장실 약 2평이 줄어든 대신 구조가 잘 빠져 거실 기준으로 보면 마치 공급면적 32평 같은 24평이었다.

필자 또한 오랜 시간 풀지 못한 숙제를 미니멀 라이프라는 라이프스타일을 경제적 영역에 접목함으로써 어느 정도 풀 수 있었다. 즉, 가능한 한 조기 파이어를 달성할 수 있는 결론은 버킹검(대출을 낀 고가의 대장 아파트)이 아니라, 미니멀 라이프였다. 고가의 대장 아파트에서 거주하는 경우에도 상승장에 팔지 못하면 내 돈이 안될 뿐더러 고가의 대출이자는 계속 부담해야 한다.

특히 수도권의 경우, 아직도 5년 이내 신축이나 약 25년 미만의 브랜드 아파트 중 초소형 보물 평형대의 가격대는 나쁘지 않다고 본다. 여기에 1층이나 2층의 경우, 가격은 더욱 저렴하다. 부동산 침체기의 매수자 우위 시장에서 남향의 우량 물건을 원하는 가격으로 저렴하게 매수하는 것도 나쁘지 않다. 단, 싼 물건 중에 나쁜 기를 전해주는 흉가(凶家)

를 매수하면 그 영향이 고스란히 가족들에게 전달된다. 절대 가격 때문에 원하지 않는 향을 선택하지는 말자. 좋은 물건은 무턱대고 잘 나오지 않는 법이다.

한편, 작은 집이 답답하다면 대출을 일으켜 큰 집으로 가기 전에 먼저 큰 마음을 먹고 미니멀리스트가 되어보자. 실행의 끝에 도달하면, 그것이야말로 현명하고 슬기로운 방법임을 몸소 느끼게 될 것이다.

가족이나 친척이 방문해 숙박이 필요한 경우는 드물다. 그럴 때는 고급 호텔이나 온천호텔을 예약해 모시면 된다. 오히려 집보다 더 좋아하는 경우가 많다. 집에 담보대출이 없고, 또 이런 일이 자주 있는 것도 아니니 결코 어려운 일이 아니다.

집의 크기가 커지는
다운사이징

인간을 소인화시키는 영화 〈다운사이징(Downsizing)〉에서는 미래에 노후와 비용 문제로 인해 인간들이 손가락만 한 크기로 작아지는 인구축소기술이 첨단과학 미래기술 상품으로 등장한다. 지금으로 치면, 마치 채혈 후 첨단기술이 접목된 영하 200도에 가까운 질소탱크에 냉동보관했다가 필요시 NK세포(Natural Killer Cell)를 배양해 수십억 개의 세포를 다시 신체에 투입하는 셀뱅킹(Cell Banking)의 면역세포나 줄기세포 프로그램과도 흡사해 보인다.

한번 작아지면 다시는 돌아올 수 없지만, 크기가 작아졌기 때문에 1억 원이 약 120억 원의 효과를 누릴 수 있게 된다. 즉, 작아지면 1억 원이 상대적으로 120억 원이 되는 세상이므로, 5억 원은 곧 600억 원이 되어 손가락만 한 크기의 소인이 되어 소인국에서 마치 재벌처럼 살 수 있게 된다.

말도 안 되지만, 이 영화를 보고 있노라면 현실 세계의 정부 부동산 정책과도 너무 닮아 있어 남 일 같지 않게 느껴진다. 예를 들어, 얼마 전 정부에서는 매월 1만 원만 내면 신축 아파트에 10년간 거주할 수 있도록 하겠다고 발표했다. 그 결과, 신혼부부들이 심각하게 고민한 끝에 선택했고, 우르르 몰려들어 신청이 순식간에 마감되며 실제로 입주까지 하게 되었다. 소재의 차이만 있을 뿐, 다양한 정책과 그로 인한 반응과 결정은 여전히 비슷하다.

그러나 미니멀 라이프는 인간을 다운사이징하는 위험천만한 기술이 아니다. 단지 인간의 가치를 계속해서 갉아먹는 물건을 비우고, 공간을 최적화해 인간이 누리는 삶의 가치와 만족도를 상대적으로 극대화시키는 다운사이징 효과라고 할 수 있다.

미니멀 라이프를 목표로 하나씩 비우거나 나누거나 버리다 보면, 어느 순간 나도 모르게 공간이 상대적으로 조금 더 커져 있는 것 같은 착각이 들 때가 있다. 그래서 다운사이징 이전에 미니멀 라이프로의 변화는 불가피하다.

영화에서는 사람들이 손가락만 하게 작아지지만, 미니멀 라이프에서는 사람의 크기는 그대로인데 잡동사니 짐만 사라지고, 생활의 질을 높여주는 최적화된 물건들만이 여백의 미를 채워준다. 그래서 상대적으로 체감 공간 사이즈가 약 1/4 정도 커진 것을 느낄 수 있다. 즉, 몸이 작아지는 위험한 수술을 하지 않았음에도 불구하고, 미니멀리스트에게는 공간이 상대적으로 여유롭게 느껴지게 되는 것이다.

대출이 부담스럽거나 진짜 미니멀 라이프를 실천해 짐을 과감하게 줄일 수 있다면, 30평대에서 15평대로 아파트를 다운사이징해 대출을 없애고, 실용적인 인테리어를 하는 것도 아주 좋은 방법이다. 대출이 없어지면서 삶의 질이 완전히 개선되기 때문이다. 예로부터 마음이 편해야 잠도 잘 오는 법이다. 그렇다고 해서 자산이 줄어드는 것도 아니다.

단, 반드시 미니멀 라이프가 선행되어야 하며, 인테리어는 제대로 해야 만족도가 떨어지지 않는다. 그렇게 하면 아파트 내부는 세련되고 심플한 최고급 인테리어, 관리비는 최소, 빚 없는 생활을 할 수 있다. 사실 빚이 없으면 배당이나 연금 소득이 다소 부족해도 간단히 문제를 해결할 수 있다.

아파트 다운사이징은 공간이 상대적으로 커진 것처럼 느끼게 해주고, 영화 〈다운사이징〉만큼의 1/120은 아니더라도, 전체 유지 비용도 1/4 정도는 줄여준다. 군더더기 하나 없이 몸집이 가볍고 빚이 없기 때문에, 검소해 보이는 외관과는 달리 만족도가 높고, 금융계좌의 순자산도 계단식으로 증가하게 된다.

단순히 좁은 집으로 들어가는 것이 아니다. 다운사이징을 해 리모델링을 하고 이사를 하게 될 경우, 반드시 그 전에 미니멀 라이프를 실행해야 한다. 무턱대고 다운사이징을 하면 오히려 좁아진 공간에서 큰 스트레스를 받을 수 있다. 이 역시 짐을 버리지 못해 발생하는 힘든 감정이다.

국내에서도 수많은 사람들이 미니멀게임 1,000개 비우기에 참여하면서 설레지 않는 물건들을 비우고 있다. 많은 사람들이 되짚어보면 대부분 의미 없는 물건들이라는 것을 알게 된다. 미니멀 라이프는 다운사이징과도 일맥상통한다. 둘 다 개인 상황에 맞게 잘 조율하면 시간적·경제적·공간적 자유를 누리는 데 큰 도움이 된다.

또한 미니멀 라이프와 다운사이징은 파이어(FIRE)와 노후의 연금과도 밀접한 관계가 있다. 아파트 다운사이징으로 빚을 없앤 뒤, 필요시 주택연금(역모기지론)을 신청할 수도 있다. 개별 연금과 환상적인 조합이 가능하다. 사망 시까지 '공수래공수거(空手來空手去)'를 전제로 모든 아이디어를 끌어다가 적용시키면 풍요로운 연금 및 배당소득 생활도 충분히 가능하다.

시중 금융환경에서의 이상한 고정관념이나 노예근성을 버리고 창의적으로 생각해야 한다. 고정지출은 줄이고, 연금소득은 늘리니 그 체감효과는 배가 된다. 거주 주택은 유지 비용을 의미하고, 빚이 없어진다는 것은 곧 자유를 의미한다. 자본주의에서 대출 레버리지를 만들지 말라는 뜻이 아니다. 향후 50년을 위해, 없어진 대출이자만큼 금융계좌의 자산이 더 늘어난다면 소비 지출이나 주거는 필요에 따라 충분히 조절할 수 있는 문제다.

이 책에 이어 출간될 《배당 투자 최적화 더 파이어》를 통해 노후의 경제적 자유를 이루는 배당 시스템을 장착해, 이른바 시간적·경제적·공간적·실질적 자유를 누릴 수 있도록 열렬히 응원한다. 개인연금의 상세한 부분은 이미 출간된 《나는 연금 최적화로 매월 남들보다 연금을 3배나 더 받는다》를 참조하길 바란다.

똑같은 100만 원도
천지(天地) 차이

100만 원이라는 금액 자체는 큰돈이 아닐 수 있다. 하지만 추가적인 잉여금액, 즉 매달 남는 100만 원은 똑같은 100만 원이라도 아주 큰 금액이 될 수 있다. 이 액수는 라이프 스타일의 많은 것들을 변화시킬 수 있고, 남다른 여유를 가지게 할 수도 있다.

소득이 500만 원이고 고정지출이 100만 원인 사람은 시작부터 400만 원이라는 심리적 여유를 안고 한 달을 시작한다. 물론 나이가 들수록 소비는 줄어드는 경향이 있다. 하지만 소득이 500만 원인데 고정지출이 350만 원이라면, 시작부터 겨우 150만 원으로 출발하게 되니 심리적인 여유가 부족하고 자신감이 떨어지며, 자칫 잘못하면 빚이 늘어날 수도 있다.

고정지출의 크기는 동일한 소득의 가치를 180도 다르게 만든다. 추가적인 잉여금액 월 100만 원은 체감 소득을 두 배 이상으로 만들기도 한다. 그래서 같은 100만 원이라도 그 차이는 엄청나게 크게 다가온다. 매일 마시는 라떼 값 5,000원도 쌓이면 큰데, 잉여금 100만 원은 얼마나 큰 금액이 되는지 상상이나 가는가?

따라서 돈이 있어도 가능하다면 적절한 때를 잡아 한 번쯤은 고정지출을 최적화해야 한다. 필자의 저서 《배당 투자 최적화 더 파이어》의 고정지출 최적화와 보험 최적화에서는 고정지출을 준(準)제로화시켜버린다. 꼭 한번 점검할 필요가 있다.

보험 최적화의 경우, 극단적으로 보험 소비자 입장에서만 고정지출 최우선으로 압축해버리는 내용을 집필했기에 보험사 관계자로부터 욕도 먹을 만큼 많이 얻어먹은 것 같다. 하지만 소비자 입장에서는 상당히 큰 도움이 될 것이다. 매달 잉여금액 100만 원이 꾸준히 남게 되면, 돈으로 환산할 수 없는 엄청난 변화를 불러온다.

또한 다운사이징을 통해 약 2억 원의 대출이 없어졌다고 가정하면, 보유세인 재산세와 종합부동산세, 아파트 관리비 및 기타 유지 비용까지도 집 크기에 비례해 줄어든다. 당연한 이치지만, 무시하지 못할 결과다. 이것은 갭투자 시대에 반대로 대출을 없앰으로써 파이어(FIRE)로 갈 수 있는 차별적인 방법론이라 할 수 있다.

대출이자도 0원이고, 월 100만 원 이상의 지출도 사라진다면, 미니멀 라이프를 실천하는 당신의 계좌에는 수입이나 연금액이 크지 않아도 돈이 차곡차곡 쌓이고 남는 관성이 생긴다. 그래서 수익보다 더 중요한 것이 바로 고정지출이다.

그럼 남는 돈으로 뭐 하냐고? 할 것은 천지다. 배우자와 운동을 하고, 여행을 가고, 놀러 다니면 된다. 매달 남는 잉여자금은 돈으로는 살 수 없는 시간, 추억, 가치 같은 것들을 사야 한다. 국내에도 기상천외한 놀거리, 먹거리, 관광지가 널려 있다. 꼭 여행이 아니더라도 영화 〈버킷 리스트 : 죽기 전에 꼭 하고 싶은 것들〉처럼 죽기 전에 꼭 하고 싶은 일 100가지쯤 A4 용지에 작성해보는 것도 좋다.

물론 경제적으로 매우 여유가 되면 더 많은 것들을 할 수 있겠지만, 꼭 그렇지 않더라도 현재의 상태에서 갈구하는, 돈으로 환산할 수 없는 자유가 얼마나 소중한지 새삼 깨닫게 될 것이다.

한편, 다운사이징은 자존감이 지나치게 떨어지는 사람일수록 합리적이지 못하다고 생각하는 경향이 있을 수 있다. 하지만 시간과 자유, 건강, 그리고 가치를 따라 이어지는 행복이나 금융자산의 증식을 생각한다면, 적극적으로 고려하지 않을 수 없다. 가정 경제에 큰 무리가 가는데도 미니멀 라이프나 다운사이징을 실행하지 못한다면, 건강한 재정 상태로 개선하기 위해 더 큰 감당을 해야 할 수도 있다.

거주하는 집이 2억 원이든 50억 원이든 크게 중요하지 않다. 고가의 집도 거주하면서 보유할 수 있는 일종의 대체 수단일 뿐이다. 또한, 막대한 유지 비용도 지출된다.

하우스 푸어가 아닌 상태에서, 집 외의 금융자산을 통해 시간적·경제적 자유를 누릴 수 있어야 하는 것이 실질적으로 가장 중요한 부분이다. 시간은 계속해서 흘러가고, 그것은 유한하기 때문이다.

실전 다운사이징
사례 분류

개별적으로 차이는 있겠지만, 대체적으로 주거 전용면적이 12~18평 정도라도 손만 잘 보면 고급스럽고 내구성이 있으며, 비교적 크게 느껴지는 공간이 될 수 있다. 최첨단 주방, 최고급 침실, 인체공학적인 거실, 실용적인 옷방이나 서재, 호텔 테라스 같은 베란다 등으로 구성될 수 있다. 말 그대로 의(衣)와 식(食)과 주(住)의 라이프에 완벽히 최적화되는 것이다. 평수는 작지만, 공간을 완전히 최적화시켜 비용을 준(準)제로화시키는 것이다.

아파트의 외관은 연식이 있다 보니 허름해 보일 수도 있다. 그러나 때가 되면 외벽 페인트칠을 해 말끔해지기도 한다. 위치가 지하철과 조금 떨어져 있는 것은 큰 문제가 되지 않는다. 오히려 걸어서 갈 수 있는 근린공원이나 도시 테마공원이 있다면 운동에 매우 유익하다. 집에서 자급자족 시스템이 완벽히 돌아가고, 여행이나 외부 활동 등에도 용이하기 때문에 주변에 반드시 생활편의시설이 풍부할 필요는 없다.

오래오래 밝고 건강하게 살아야 하기 때문에, 방위만큼은 뭐니 뭐니 해도 정남향을 가장 선호하고 강력히 추천한다. 계절에 상관없이 하루 종일 일조량이 많아 항상 집이 밝기 때문이다. 겨울에는 해가 잘 들어와 실내온도가 올라가고, 여름에는 해가 얕게 들어와 시원하다. 요즘 짓는 신축 아파트에서는 정남향을 찾기가 쉽지 않다. 그래서 다운사이징이나 인테리어를 통해 우량한 구축에서 보금자리를 마련하는 것이 절대 나쁜 일이 아님을 이해할 필요가 있다.

한편, 남동향은 해가 좀 더 일찍 들어오고, 남서향은 오후 늦게부터 해가 쭉 들어오는 특징이 있다. 시야에 다른 동이나 가림이 없으면 햇빛을 가리지 않아 가장 이상적이다. 방위의 각도에 약간의 차이는 있을 수 있으나, 대체적으로 정남향이나 남동향을 가장 선호한다.

중고는 영원히 중고이고, 남서향도 영원한 귀문방인 남서향이다. 반면 남향이나 남동향은 삼국시대나 고려시대 때부터 이어져온 주거 구조에서도 가장 선호하는 방향이었다. 대한민국의 건설사들 역시 초기에는 순수하게 정남향으로 아파트를 지었다.

다운사이징을 통해 대출을 완전히 없애거나 거의 없애는 방향으로 정하면, 고정지출 리스크를 제거하거나 완화할 수 있다. 이후 대세 상승장이 와서 집값이 올랐다 하더라도, 그만큼 대출 비용이 나가지 않았고, 그 덕분에 투자가 더 많이 이루어진 금융계좌의 크기는 훨씬 불어나 있을 것이기에, 굳이 상대적 박탈감을 느낄 필요도 없다. 그래서 미니멀 라이프 후에는 내 자산 사이즈에 맞는 다운사이징이 필요한지를 심각하게 고려해볼 만하다. 대출을 많이 낀 대형 평수 아파트도 결국 팔아야 내 돈이 되지, 그렇지 않으면 또 오랜 시간을 겪어야 한다.

다운사이징의 분류 내용은 서울시를 기준으로 잡았다. 구체적인 설명이 필요했기에, 서울의 중산층 정도에 해당하는 지역, 필자의 마곡동 사무실 근방의 몇몇 아파트들을 실사례로 삼았다. 이 아파트를 사라는 말이 아니다. 오해가 없기를 바란다. 구체적인 실사례를 통해 전국 각지의 각자 원하는 아파트에도 적용이 가능하다. 지방의 경우 가격이 훨씬 경제적이기 때문에, 개인적인 자산 규모에 맞춰 좀 더 여유로운 다운사이징 계획을 잡을 수 있다.

무리한 환경의 변화가 없고 큰 수리가 필요 없다. 신축의 경우에는 인테리어나 수리를 할 수고를 덜 수 있다. 큰 단지 안에는 공급면적 25평 (전용면적 18평) 정도의 초소형 평수가 숨어 있는데, 이것이야말로 보물 같은 존재다. 반드시 하락장에 매수해야 한다. 신축 아파트라면 커뮤니티 센터와 같은 부대시설은 동일하게 누리면서도, 다운사이징 효과를 통해 지출 비용이 크게 줄어들게 된다. 이것이 바로 계단식 아파트의 초소형 평수가 인기 있는 비결이기도 하다.

〈중대형 계단식 아파트의 초소형 평수로 다운사이징〉

출처 : 네이버페이 부동산

자금이 크게 부족하지 않다면, 이는 가장 이상적인 다운사이징이다. 지역을 옮기지 않아도 된다는 점 또한 큰 장점이다. 게다가 초소형 평수의 1층은 건강에도 유익하고, 가성비 면에서는 중·고층보다도 훨씬 뛰어나다. 향후에도 초소형 평수는 더욱 귀한 물건이 되기 때문에 가격 방어력도 우수하다.

서울시 중산층 기준으로 10억 원 정도의 30평대 아파트에서 대출이

〈1층 소형 평수로 다운사이징〉

출처 : 네이버페이 부동산

3~4억 원 정도 있다고 가정할 경우, 미니멀 라이프가 완성되고 조금만 머리를 쓰면, 4인 가족이 대출 하나 없이 초소형 아파트에 거주할 수 있다. 대출이 0이 되기 때문에 삶의 내실이 달라지게 된다.

아파트의 등급을 한두 단계 낮추고, 1층 중에서도 아파트 단지 내의 초소형 평수로 범위를 좁히면, 억대 이상의 금액을 줄일 수 있다. 구축 저층 아파트의 경우, 잠을 자는 동안에도 땅의 기운인 지기(地氣)를 제대로 받을 수 없어, 에너지를 충전해 건강을 유지하는 데 큰 도움이 된다.

구축 아파트 1층에서는 생명을 불어넣는 지기(地氣)를 온전히 받을 수 있고, 수압이 강한 1층도 오히려 나쁘지 않다. 아파트 1층에 살면 매일 강력한 물 마시지 샤워를 할 수 있는 특혜가 주어진다.

옛날에는 땅에 혈(穴)이 있어 지기가 모이는 명당 자리에 달걀을 묻으면 병아리가 되었다고 할 정도로, 혈은 하늘과 땅의 기가 조화를 이루는 중요한 자리로 여겨졌다. 이런 땅의 섭리를 깨닫고 도심에서 1층을 찾는 사람들은 오직 1층만 고집한다. 특히 젊은 부부가 일찍부터 1층에 자리 잡으면 길하다.

1층 중에서도 아파트 단지의 중심부에 있는 1층은 다른 동의 아파트가 양쪽으로 싸안아서 겹겹이 감싸주기 때문에 바람도 막아주고, 중심에는 생기가 넘쳐흐른다. 지하 주차장이 없는 구축 아파트의 가장 큰 장점은 지기를 제대로 받는다는 것이다. 반면 지하 주차장이 있는 신축 아파트의 1층은 가장자리가 지기를 받기에 유리하다.

동사택에 해당하는 대출 없는 구축 아파트 1층에서 살아볼 만하지 않겠는가? 앞서 언급한 아파트의 경우에도 서너 블록만 넘어가도 30평대 아파트가 약 15~20억 원에 육박한다. 한 번쯤은 진지하게 생각해볼 만하다.

신축 아파트나 단지형 아파트의 1층은, 보안이 우수한 시골의 고급 단독주택이라고 관점을 바꾸면 된다. 같은 아파트인데, 1층으로 층수가 낮아지고, 평수가 좁아지는 대신 대출이 없어지니 남들은 전혀 모르는 색다른 마음의 여유를 가질 수 있다.

〈외곽이나 지방으로 다운사이징〉

지방의 외곽에 위치한 우수한 저가의 최고급 아파트의 가격을 볼 때마다 현타가 오기도 한다. 은퇴했거나 은퇴 예정 중이고 위치가 그렇게 멀지 않다면, 이 또한 고려해볼 만하다.

서울에서 경기도 외곽으로 다운사이징해 가격을 낮추는 방법론이 일반적이다. 대출을 없애버릴 수 있다. 연금을 받는 은퇴자나 배당을 받는 배당 투자자의 경우에도 배우자만 있으면 아무런 관계가 없다.

미니멀리스트라면 어차피 짐이 별로 없다. 매일 하체 스쾃을 반강제적으로 할 수 있다고 관점을 바꾸면, 이런 아파트는 오히려 매력적으로 보인다. 항상 마음과 생각의 관점이 중요하다. 매일 엉덩이와 다리 운

〈역세권의 계단식 5층 구축 아파트로 다운사이징〉

동이 되고, 1층의 경우 지기(地氣)를 가장 많이 받는다. 100세 수명은 엉덩이 근육이 좌우한다.

단, 입주 시에는 대대적인 인테리어가 필요하다. 3, 4, 5층의 경우에도 의외로 전망이 나쁘지 않다. 아파트가 오래되었어도 건물 자체는 오히려 상당히 튼튼한 경우가 많고, 위치 또한 A급인 경우가 많다. 외관은 허름해 보여도, 문을 열고 집 안에 들어서면 아이러니하게도 호텔이 된다.

〈복도식 아파트로 다운사이징〉

복도식 고층 소형 아파트는 옆집과의 방음이 상대적으로 취약하지만, 엘리베이터가 있다는 장점이 있다. 반대로 계단식 5층 아파트는 엘리베이터가 없어 불편할 수 있으나, 의외로 독립성이 더 잘 유지된다. 구조 자체는 대체적으로 비슷하다.

이런 구축 아파트의 대부분은 거실을 확장해 조금 더 넓은 거실 문화를 누릴 수 있다. 미니멀 라이프만 선행된다면 면적이 작다는 점은 크게 문제되지 않는다. 다만 단점으로는 주차 공간이 부족해 주차난을 겪을 수 있고, 외부 주차장이라 차량 외부 관리에 더 신경을 써주어야 한다.

노후화된 아파트에서 계속 살 수 있을까?

아파트의 노후화로 인해 재건축이나 재개발을 시행할 때, 예전과 현재의 가장 큰 차이점은 추가 분담금의 규모가 엄청나게 달라졌다는 점이다.

전쟁으로 인해 구리, 철, 알루미늄, 시멘트 등의 원자재 가격이 큰 폭으로 상승했다. 예전에는 30평대 아파트 한 채를 지을 때, 땅값을 제외하고 평균 몇천만 원이면 지을 수 있었지만, 지금은 그 금액으로는 감히 엄두도 내지 못하는 상황이 되어버렸다.

필요시 인테리어 공사를 하고 다운사이징해 실입주를 하더라도 개인차는 있겠지만, 수십 년은 더 살아야 한다. 중간에 이사도 불가피할지도 모른다. 변화된 재건축이나 재개발 시장 환경으로 인해 부동산 정책과 크게 관계없이 높은 추가 분담금액을 지불하면서까지 노후에 와서 뒤늦게 재건축 사업에 참여할 필요성은 일부를 제외하고는 극히 떨어진다.

물론 현재의 재건축이 말처럼 쉽게 진행되지 않거나 오랜 시간이 소요되기 때문에, 그 사이에 거주하는 데는 큰 문제가 없다. 하지만 정말 재건축이 임박했다면, 투자 수요가 몰릴 때 미리 매도하고, 그 자금으로 더 젊은 아파트를 찾아 그간의 경험을 살려 다시 보금자리를 마련하는 것도 좋은 방법이다.

재건축이나 재개발은 결국 인간들이 오랜 시간 살아오면서 만들어낸 일종의 건축 기준일 뿐이다. 개별 세대와 전체가 잘 관리된다면 안전 측면에서도 더 오래 사용하는 데 큰 문제는 줄어들게 된다. 차량도 마찬가지다. 국내에서는 10km만 넘어도 고물이나 폐차 수준으로 간주되지만, 사실 엔진오일만 잘 갈고 사전에 경정비만 해도 해외에서는 50km까지도 무리 없이 탄다.

래미콘이 굳어 콘크리트가 되고, 다 굳은 뒤에도 100년 동안 비를 맞고 햇볕을 쬐면서 강도가 점점 더 세져 평생 동안 양생(養生)이 된다. 물론 각종 시설이 노후되면 문제가 되지만, 전체적으로 잘 관리되고 큰 지진만 아니라면 집이 무너지거나 사는 데 치명적인 문제가 생기지는 않는다. 국내 건설사들의 건축 기술은 세계적으로도 알아준다.

그래서 우스갯소리로, 과거 아파트 초창기 시절 정말 FM대로 공사를 하던 시절의 엘리베이터 없는 5층 아파트가 오히려 더 튼튼하다고 말하기도 한다. 인테리어가 잘되어 있고 관리가 잘된 아파트라면 큰 문제가 없으며, 방수 등 약간의 보수만 해준다면 앞으로도 계속 살아가는 데 별다른 어려움이 없다고 사료된다.

상승기에 매도 후
대출을 갚아야 하는 이유

직간접적인 부동산 업무를 통해 수많은 은행과 각종 크고 작은 대출 등을 수없이 진행해본 경험을 살려 대출에 관한 매우 중요한 이야기를 하나 하고 넘어가려 한다.

만약 3~5억 원 정도를 대출받아 10억 원대의 아파트를 매수해 거주한다고 가정해보자. 다운사이징을 하건 말건 결국 대세 상승기 때 매도하지 못하면, 이러나 저러나 대출금에 대한 이자는 계속 지출된다. 상승장이든 하락장이든, 침체장이든, 고금리든 저금리든 상관없이 대출이자는 꾸준히 흘러나가도록 되어 있다. 중간에 가격이 올랐든 떨어졌든, 매도를 하지 않았다면 여전히 대출이자는 부담해야 하고, 그간의 가격 변동은 아무런 의미와 가치가 없다.

부동산의 상승 하락 사이클은 대략 약 10년을 주기로 크게 반복된다고 할 수 있다. 별거 아닌 것 같지만, 간단하면서도 매우 중요한 사실이다. 내가 거주하고 있는 집도 팔지 않으면, 5억 원이든 10억 원이든, 20억 원이든 수익이 확정되는 것이 아니기 때문에 내 돈도 아니고 실질적으로 아무 의미가 없다. 단지 상징적으로만 가치가 존재할 뿐이다.

즉, 어느 정도 큰 사이즈의 대출을 끼고 있을수록 이러나저러나 상승장에 한 번 정도는 준(準) 최고가에 팔아서 정리해주어야 한다. 결과론적으로 크게 손해 보는 경우도 없고, 돈을 잘 활용한 셈이 될 뿐만 아니라, 매달 지출되는 적지 않은 사이즈의 담보대출에 대한 이자도 없어지게 된다. 대출이 없거나 소액이면 아무 상관 없다.

가격이야 더 오를 수 있지만, 가격이 중요한 것이 아니다. 상승장이 지나간 긴 시간 동안 결국에 등락과 관계없이 고액 대출금에 대한 이자와 세금을 부담해야 한다. 만약 끝까지 가져간다면, 이자뿐만 아니라, 나중에 더 나아가서는 원금까지도 결국은 다 상환해야 하는 셈이다.

일반적으로 처음 고가 아파트를 매수할 때 끝까지 원리금을 꼬박꼬박 다 상환하려고 계획을 잡는 경우는 드물다. 그런데 상승장에 매도하지 못하면 계속해서 다음 사이클까지 고액의 원리금을 꼬박꼬박 상환해야 하는 일이 생긴다.

이는 결국 고소득이 아닌 일반 직장인의 경우 등골 빠지는 일이며, 매우 비효율적인 일이 아닐 수 없다. 부동산이 결국 상승한 것이 중요한 것이 아니다. 혹여나 하락장이나 경기 침체가 더 길어지면 심리적으로도 더욱 위축되고, 유지가 힘들거나 현금흐름이 피폐해질 수도 있다. 마치 당나귀를 팔기 위해 당나귀를 업고 시장에 가는 꼴이 되어버린다.

결론은, 이처럼 고액의 대출을 받아 아파트를 매수할 때 대세 상승기의 고가에 매도하지 못하면, 긴 세월의 동안의 이자와 고액의 원금을 거의 다 갚아야 한다는 것이다. 가만히 생각해보면 애초부터 무리한 매수였는지도 모른다. 무리한 매수는 반드시 상승장에 매듭을 지어주어야 한다. 그리고 대단지 세대의 많은 사람들이 다 매도를 할 수 있는 것이 아니라는 사실 또한 매우 중요하다.

이자로 먹고사는 은행 입장에서도 모든 사람들이 대세 상승기 때에 대부분 매도하지 못한다는 것을 속으로는 어느 정도는 인지하고 있다. 말을 안 할 뿐이다. 은행 창구에도 이런 내용을 대문짝만하게 걸어놓지는 않는다. 결국은 은행 대출을 끼고 가게 되어 있다는 것이 함정이다.

모든 은행에서의 단기 예·적금은 단리로 계산되지만, 장기의 주택담보대출(Mortgage Loan)은 일단 복리로 계산된 후에 갚아나가는 소비자에게는 사실 매우 불리하게 적용되는 방식이다. 그래서 예·적금에서는 장기 복리를 적용해주지 않는 것이다. 하지만 고신용자와 부자에게 저리가 적용될 경우, 이 역시 부자나 기업에게만 유리한 구조가 된다. 여기서 월복리 적금은 말만 월복리지, 월복리가 아니라는 점을 알 필요가 있다. 즉, 대출은 복리고, 월복리 적금은 속임수다.

차익이 있을 수 있겠지만, 긴 세월 그 돈을 다 갚으려면 도대체 무엇하러 비싼 아파트를 매수하는가? 고액 아파트의 경우 대출이 하나도 없는 경우는 있긴 있지만 매우 드물다. 부동산은 반드시 상승한다는 막연한 기대감이 있어서일 수 있겠지만, 재산세와 유지관리 비용 및 관리비나 대출이자, 매매중개 비용 등을 포함해 장기간 보유할 경우 실질적인 이익이 그렇게 크지 않다는 것을 알 수 있다. 상승하지 않는다는 것이 아니라, 월수입이 여유로운 경우가 아니면 장기간 하우스푸어와 같이 주와 객이 전도될 수 있음을 강조하는 것이다.

아파트마다 차이가 있겠지만, 대출을 낀 10억 원 중반대 아파트의 매도 사이클을 놓쳐버리면, 10년 안에 금리 변동 구간이 있을 수 있고, 다시 돌아오는 상승 때까지의 실익이 크게 떨어질 수 있다.

하지만 다운사이징과 은행 대출의 숨은 원리를 이해한다면, 대세 상승기 때 고점에 매도해 모든 대출을 준(準)제로화시키면 부동산 투자로 인한 차익이 투자 원금에 합산되어 순자산이 건전하게 늘어난다.

그렇다면 이제 대출이 없거나 최소한으로 해 최고급화된 다운사이징을 계획해보는 것은 어떨까? 마치 맞춤복같이 내 상황에 적합한 다운사이징을 하기 때문에, 핏사이징(Fitsizing)이라고도 한다. 무조건적인 다운사이징은 아니다.

분명한 것은, 다운사이징을 계획하고 있어야 고점이든 현재든 언제든 간에 매도할 수 있게 된다는 것이다. 갚아서 없애든, 매도하면서 없애든 대출은 반드시 한 번은 없애야 한다. 그래야만 한 단계 앞으로 나아갈 수 있다. 똑같이 보유하고 있는 아파트라고 해서 다 같은 아파트가 절대 아님을 이해하길 바란다.

한편, 매물대 완전 끝의 최고가에서는 거래량이 한두 건 수준으로 매우 적기 때문에, 절묘한 운이 따라주지 않으면 팔 수가 없거나 아주 힘들다. 경매도 전국 팔도에서 다 몰려들어 오직 한 명이 차지하는 구조다. 그렇기 때문에 팔 때도 너무 끝에서 팔 생각을 하면 못 팔고, 살 때도 너무 바닥에서 살 생각을 하면 못 산다. 그래서 예로부터 '무릎에 사서 어깨에 팔라'고 했다.

신혼부부의 경우, 괜히 어설프게 결코 저렴하지 않은 청년주택이나 임대주택으로 들어가면, 계속 정착하기 힘들어지는 흐름으로 이어질 수 있다. 이럴 경우에는 처음부터 다운사이징을 계획해 대출을 받아 전용면적 12~15평 정도의 구축 아파트를 매수하면 생각보다 금세 자리를 잡게 된다. 항상 정답이 너무 멀리 있는 것이 아니라는 것을 알아야 한다.

이렇게 하면 대출도 없어지고 현금성 자산도 많이 모여 계좌의 크기가 늘어나기에 더 큰 집으로 가고 싶으면 이 집을 전세로 내어주고, 일정 기간 큰 전세로 갔다가 자녀 독립 시기에 다시 돌아와도 된다. 또는 현금자산이 많아진 경우, 이 현금을 토대로 다시 주택매수계획을 세워도 된다.

미니멀 라이프 최적화와 다운사이징, 그리고 고정지출 최적화와 보험 최적화를 통해서는 동일한 서비스를 누리면서도 매우 효율적이고 경제적인 지출을 할 수 있다. 그래서 모든 세팅을 마친 후에는 자금이 크게 부족하지는 않을 것이다. 깊숙이 들여다보면 미니멀 라이프는 여러 가지의 최적화와 아주 밀접한 관계를 지니고 있다.

시간이 흘러 월 연금소비액이 부족하다면, 대출이 없는 이 다운사이징 아파트를 담보로 주택연금(역모기지론, Reverse Mortgage Loan)를 활용해 부부가 사망할 때까지 종신형 연금을 받아도 된다. 따라서 가급적 대출도 없는 것이 좋다. 3층 연금소득과 배당소득 및 비과세소득, 그리고 주택연금소득까지 합산하면 비교적 풍부한 연금액을 받을 수 있을 것이다.

보통 4~5억 원짜리 아파트에서 주택연금에 가입하면 종신형의 경우 부부가 모두 죽을 때까지 약 100만 원 정도가 나온다. 이 역시 대출이 0원이라면 추가적인 잉여금액 100만 원은 생활에 큰 차이를 불러일으킨다. 그래서 다운사이징된 아파트에서는 가급적 대출이 없으면 좋다.

한편, 매우 비효율적이고, 그다지 유리하지 않은 주택연금이 마음에 들지 않거나, 집값이 저렴해 주택연금을 받을 금액이 못 되고, 연금액이 부족하다면 2025년 하반기를 기점으로 브라질 국채가 묘안이 될 수 있을 것이다.

금리가 비교적 높아 채권가격이 떨어져 있는 2025년 현재와 같은 시점에 1억 원 어치의 브라질 국채를 매수하면, 실제로는 액면가 약 1.2억 원 정도를 매수하는 셈이다. 브라질 국채는 표면이율이 연 10%이고, 비과세가 적용된다. 따라서 10년 만기 브라질 국채의 경우, 10년간 6개월마다 600만 원 연간 1,200만 원을 지급한다. 즉, 비과세이므로 1억 원을 투자하면, 세후로도 매월 이자 100만 원을 받는 셈이다.

결국 현금 1억 원으로 월 100만 원의 세후 연금성 현금 흐름을 만드는 셈이다. 이는 주택연금과 비교했을때 약 3~4배나 효율적이며 유리하다고 할 수 있다. 만기 때까지 보유 시 만기에 액면가 1.2억 원이 지급된다.

이때 브라질 헤알화와 원화 간 환율 변동이 없다고 가정하면 1.2억 원이 지급되는 셈이고, 환율이 오르면 1.2억 원보다 더 받게 되며, 환율이 떨어지면 1.2억 원보다 덜 받게 된다. 2025년 현재를 기준으로 브라질 헤알화의 환율 변동 리스크는 과거보다 상당히 낮은 상태다.

이에 대한 보다 자세한 내용은 출간 예정인 필자의 《지금 브라질 채권 3억 원이면 10년 후 서울 아파트를 사고, 10억 원이면 10년 후 강남아파트를 산다》에서 다룰 예정이다. 평생 한두 번 볼까 하는 핼리 혜성이

76년 만에 타원 궤도를 그리면서 돌아오는 것처럼, 브라질 헤알화와 원 환율은 약 20년 만에 큰 행운의 사이클을 맞이하고 있다.

13억 원 아파트의
시간당 사용 비용은 1만 원

돈에 대한 아주 중요한 또 다른 이야기를 해보려 한다. 자본주의 체제하에서는 모든 물건에 시간당 관리 비용이 발생하고 있다.

업무 관계상 부동산 서적을 많이 보았지만, 그중에서도 부동산의 금전 가치를 이렇게 세분화해 설명한 사례를 필자도 아직 본 적이 없다. 물론 지금까지의 개념에서는 크게 필요하지 않았기 때문이다. 이는 미니멀 라이프와 배당, 그리고 파이어를 끊임없이 연구하는 과정에서 필자가 도입한 발상이라 할 수 있다. 참고로 소형화된 아파트의 경우, 지방에서 거주하시는 분들은 공감하기 힘들 수도 있기 때문에 개념만 대략 참고해, 그 지역에 맞도록 응용하면 좋을 것 같다.

서울시에 있는 공급면적 24평(전용면적 18평) 정도에 해당되는 5년 된 신축아파트가 13억 원 정도라 가정하자. 전용면적 1평당 약 7,200만 원이라고 할 수 있다. 이처럼 저렴하지만은 않은 공간에 나를 위한 최적의 환경을 꾸미는 대신, 이것저것 물건들을 쌓아놓게 되면 약 2~3억 원에 해당되는 공간이 쓰레기나 잡동사니 물건들을 모시게 되는 꼴이 된다. 최고급 스토리지 보관 서비스보다 수십 배나 비싼 대가를 지불하는 셈이다.

이 아파트의 경우, 화장실이 보통 약 1.3~1.5평 정도이므로, 화장실 하나에 대략 1억 원 정도라고 보면 된다. 매우 부담스럽지 않은가? 이 아파트에 자가로 사는 사람들은 꼭 2억 원짜리 슈퍼카는 아닐지언정 1억 원짜리 화장실 두 개를 사용하고 있는 셈이다. 조금 느낌이 오는가? 그것도 대출을 끼고 있으니 월 비용까지 부담하면서 사용하고 있는 것이다.

즉, 이 아파트는 대략 화장실 2억 원, 안방 2.2억 원, 작은방 2억 원 작은방 2억 원, 거실 2.5억 원, 주방 1억 원, 현관 3,000만 원, 베란다 1억 원인 셈이다. 아마 이렇게 표현하면 매우 허무하기 때문에 일반적으로 이렇게 쪼개서 설명하지는 않는다. 전통적으로 아파트 분양 시에도 실제 분양원가는 절대 공개하지 않는다.

모든 기운이 들어오는 입구인 현관이 약 3,000만 원이므로 항상 청결하게 관리해야 한다. 외부와 내부를 연결해주는 공간인 베란다가 1억 원이니 재활용 쓰레기를 쌓아놓으면 쓰레기를 쌓아놓기 위해 1억 원짜리 공간을 사용하는 꼴이 되어버린다.

자, 그럼 계산적으로 화장실 비용 2억 원을 대출로 충당했다고 가정해보자. 매달 이자만 약 70만 원이 나가고, 관리비까지 포함하면 하루에 약 2~3만 원이 지출되는 셈이다. 사우나 1만 원보다 열악하지만, 훨씬 비싼 고정지출이다.

이 아파트 전체는 순전히 이 아파트에만 매일 약 15만 원 정도의 가상 비용이 지출되는 셈이다. 그래서 에어비앤비(airbnb)의 서울시 아파트 1박 2일의 숙박 비용이 약 15만 원 선이라고도 볼 수 있다. 알게 모르게 합리적으로 다 가격에 반영되어 있는 것이다.

이 13억 원 대의 아파트에 온전히 대출이 없어야 매일 15만 원도 지출되지 않고, 다른 소비생활에도 부담이 더해지지 않는다. 관리비가 매달 30만 원 정도가 나온다고 가정하면 매일 약 16만 원 정도가 지출되는 셈이고, 내가 집에 있거나 없거나 무조건 시간당 약 6,600원 정도가 지출되는 꼴이다.

이에 아울러 대부분은 대출도 포함되어 있고, 사회가 만들어놓은 빼도 박도 못하는 각종 유지·관리 비용 등이 빠져나가기 때문에 13억 원대 아파트의 시간당 지출 비용은 아무것도 안 하고, 안 먹어도 약 1만 원이라고 보면 무리가 없다. 이는 곧 하루에 약 24만 원 정도의 가상 지출이 발생한다는 의미다.

돈은 계속해서 자동으로 푼돈으로라도 끊임없이 나가는 것이 가장 무서운 것이라는 것을 이해해야 한다. 불로(不勞)소득인 연금이나 배당소득도 쓸데없는 고정지출이 군더더기 없이 최소화되었을 때 그 진가를 제대로 발휘해 시간적·경제적 자유를 온전히 누릴 수 있도록 도와준다.

그런데 매일 하루에 약 20만 원 정도가 지출되는 공간에 잡동사니나 쓰지 않는 물건을 처박아두면 한 달에 약 몇백만 원 이상을 지출하면서 잡동사니를 모시고 있는 꼴이 된다. 이렇게 되면 주객이 전도되어 사람이 물건을 모시는 꼴이라고 누차 반복했다. 대출이 없어도 그 공간에 대한 시간당 가격이 비효율적으로 사용되어지는 것이다.

그래서 필자가 앞서 언급한 것처럼 13억 원 대의 아파트에 대출을 끼고 대출이자를 내면서 거주할 바에야 애초부터 대출 하나도 없이 전세 7억 원에 거주하는 사람은 대출 비용이 0원이기 때문에 다른 고정지출만 잘 통제하면 수입이든 수익이든 훨씬 잘 모인다. 비록 미래에 아파트 거래에 대한 매매 차익은 없지만, 계속 거주해야 하기 때문에 상승장에도 매매하기 힘들다는 것을 잘 이해하고 있고, 총 기회비용을 제외한 순수한 매매차익이 그렇게 크지 않다는 것도 잘 알고 있다. 어떻게 보면 매우 현실적이라 할 수 있다.

일반적으로 자녀의 초등학교 재학 기간에는 전학을 가는 것이 쉬운 일이 아니기 때문에 이사를 가는 것 자체가 쉽지 않다. 현재 시점에서 대출도 있고, 파이어(경제적 독립, 조기 은퇴)하지는 않은 상황에서, 결국 우리는 100~120세까지도 살아야 하지 않겠는가. 고객분들 중에 자산가분들은 단 한 명도 빠짐없이 모두 현재의 건강 상태로 기대수명까지 살기를 이상적으로 희망한다. 이것은 어쩔 수 없는 현실임을 이해해야 한다. 출산율 0.7명인 시대에 강남권에서는 유달리 자녀가 셋인 집을 어렵지 않게 찾아볼 수 있다는 점도 비슷한 현상이라 할 수 있다.

약 1억 원짜리 고급 베란다에 쓰지 않는 물건을 쌓아두어 보관해둔다고 생각해보라. 이 얼마나 비효율적이고 바보 같고 멍청한 짓인가? 쓸데없는 물건만 비우거나 버리면 물건을 모시는 데 비용을 쏟아붓지 않을 수 있다. 그럼 거꾸로 그 돈들은 새어나가지 않고 오히려 나를 향해 흘러 들어오다가 어느 순간부터는 쌓이게 된다.

이 같은 사실이 제대로 와닿고 나서부터는 전용면적 13평 전후의 아파트라도, 2인 부부 기준으로 미니멀 라이프만 전제된다면 효율성이 뛰어난 훌륭한 공간이라는 것을 180도 달라진 시각으로 실감하게 되었다. 여기에 대출까지 준(準)제로화한다면 공간의 시간당 비용은 최적화되고, 삶의 만족도는 배가된다. 만약 자녀 둘이 생겨 커지면 전세를 주고 모은 현금을 보태 다른 전세로 옮겨도 된다.

계단식 아파트의 전용 18평은 공급면적으로 약 24평에 해당하므로 전혀 손색이 없으며, 결코 작은 평수가 아니다. 서울 기준으로도 이 정도면 미니멀 라이프와 다운사이징을 적용한 아파트 중에서는 오히려 대형 평수에 해당한다. 구조가 잘 빠진 경우에는 전용 18평이라도 공급면적 30평에 버금가는 24평 같은 체감 공간이 나온다.

여유가 된다면 서울시 내에서 이 정도만 해도 최적의 다운사이징 효과도 누리고, 대단지 준(準)신축 아파트의 부대시설을 모두 동일하게 누릴 수 있는 장점이 있다. 하지만 아파트마다 매물이 아주 귀하기 때문에 공인중개사 사무소에 미리 말해놓아야 하고, 기회가 왔을 때는 과감하게 잡아야 하는 결단력이 필요하다. 이 물건은 미니멀 라이프가 선행되었을 때만 최적화된 물건이라고도 할 수 있고, 미니멀 라이프가 적용된 4인 가족도 살기에 큰 불편함이 없다.

1층 소형 아파트의 재발견

한국의 부동산 시장에서 1층 및 저층 아파트가 상대적으로 좋지 않은 평판을 가지고 있다는 것은 익히 알려져 있다. 사실 이 부분은 분양할 때의 가격 차이가 이어지는 것이다. 그러나 미니멀 라이프를 지향하며, 예컨대 30평 초중반대 10억 원 초중반대 아파트에서 23평대 6억 원대의 초소형 1층이나 저층 아파트로 전향할 경우, 실제로 수억 원이 절감된다. 더 낮은 가격대의 아파트라면 약 1억 원 정도도 절약할 수 있어, 잘만 활용하면 대출을 없애거나 가정 경제의 재무 구조를 180도 개선할 수 있다. 이처럼 대출이 없는 가정의 경우, 경제적 만족도는 매우 높게 나타난다.

몇억 원이 하루아침에 하늘에서 떨어지는가? 이것은 미니멀 라이프만이 누릴 수 있는 마법의 다운사이징 효과라고도 할 수 있다. 돈이 모이면 1층을 전세 주고 필요시에 다른 층을 전세로 얻어도 된다. 3억 원이면 대출이자로 따져도 약 월 100만 원 정도에 해당되는 금액이다. 매월 잉여금액 100만 원은 문화와 생활을 바꾸고 시간과 행복을 살 수도 있다. 10억 원 초·중반대의 아파트에 대출 몇억이 있다면 환경의 변화가 크게 발생하지 않는 범위 내에서의 초소형 1층으로 과감하게 대출 없이 이사하고, 시간이 지나서 주택연금까지 신청하면 그야말로 노후의 가정경제의 신세계를 맞이하게 된다. 사람마다 기준은 다르겠지만, 노후에는 대출 없음으로 인한 안전성이 매우 중요하기 때문이다.

일반적으로 많은 사람들은 로얄층이라고 하는 우량층인 중고층을 선호하는 것이 보편적인 현실이다. 큰 기둥인 필로티가 없는 구축 아파트의 경우, 1~4층은 비선호층이며 분양 가격 때부터 이미 낮은 가격으로 형성되어 있다. 통행로나 필로티 또는 공용시설 등이 있는 신축 또는 주상 복합형 아파트의 경우에는 보통 2~4층부터 층수가 시작되어 실질적인 1층이 없는 셈이지만, 저층임에도 불구하고 나름 괜찮은 뷰가 보이도록 설계되어 있다. 저층도 남향이 중요하다. 앞마당이 있는 저층 아파트는 고층의 로얄층보다 가격이 비싼 곳도 있다.

저층 아파트에 거주하면 어린아이도 땅의 기운(地氣)을 받고 자라서 면역력을 기르는 데도 큰 도움이 된다. 아이들은 땅에서 자라야 가장 이상적이다. 뭐니 뭐니 해도 외곽지역의 단독주택과 도심 속에 아파트의 장점을 하나로 합한 것이 바로 1층 아파트라 할 수 있다. 그런데도 1층이 별로라 생각하는가?

1층 아파트는 여성의 유산율도 한 자릿수로 확 떨어지기 때문에 신혼부부에게도 유익하다. 한편, 고층 거주자들이 겪는 심리적·정신적인 결핍 증세도 줄어든다는 연구 결과도 있다. 고혈압 발생률 또한 저층이 고층보다 1/4 정도 떨어진다. 수면장애나 불면증 또한 현저히 감소한다. 수면장애가 심한 분들은 1층을 고려해보자. 1층의 안락한 침실은 숙면을 유도해줄 것이다. 결혼을 앞둔 이들에게는 과감히 1층을 매수하는 것도 좋은 선택이다. 아무리 로얄층이라 해도, 결국 사람은 땅에서 살아야 한다. 오히려 좋은 동의 1층이 인기 있는 이유이기도 하다.

고층으로 갈수록 조금씩 오염물질의 농도가 짙어지기 때문에 비염이나 천식 같은 호흡기 질환, 알레르기, 피부병 발생률이 높아진다. 불면증, 이명, 관절통, 요통 등의 발병률도 급속도로 높아진다. 성장장애나 저체온증 같은 만성 질환도 흔하다. 대한민국이 아파트 공화국이기 때문에 쓸데없는 각종 질병도 달고 사는 것이다.

한편, 고층으로 올라갈수록 기압이 낮아지기 때문에 두통이 생길 수밖에 없는 이치다. 항공기 승무원들이 각종 질병을 달고 살 듯이, 분명 아파트에 살고는 있는데, 마치 저행 비행 상태에서 사는 것과 같다. 특히 20층 이상 초고층은 피난층이 부족하거나 아예 없어 화재 발생 시 대책이 거의 없다. 결코 웃어넘길 일이 아니다.

게다가 우리의 뇌는 고층에서의 진동을 무의식적으로 인식하기 때문에 뇌와 관련된 질환에도 취약하게 되고, 심근경색의 위험률도 급증하게 된다. 고층에서는 각종 수면장애도 만연하게 된다. 괜히 사람들이 수면제를 습관적으로 많이 먹는 것이 아니다.

물론 저층 아파트도 단점은 많이 존재한다. 방범에 상대적으로 취약할 수 있고, 전망 좋은 뷰를 볼 수도 없다. 하지만 앞서 언급한 것처럼 집을 휴양·휴식 전문점이라 간주한다면 아무 문제가 없다. 아파트에 따라서 거실로 낮게 보이는 나뭇가지와 풀잎들, 그리고 전망 좋은 뷰는 아니지만 자연 광경의 숲세뷰 정도는 누릴 수 있다. 살아보면 이것 또한 시골집의 창문처럼 아주 훌륭하다는 것을 실감하게 된다. 일을 마치고 돌아와 허구한 날 매번 뷰를 감상하는 것도 아니지 않은가.

장관(壯觀)도 계속 보면 질리고, 미인도 계속 보면 무감각해지게 된다. 휴식·휴양 전문점인 집에서는 푹 휴식을 취하고, 여행을 갔을 때 호텔이나 콘도의 로열 호실처럼 고층에 위치해 전망이 아주 좋은 뷰가 있는 집을 돈을 더 주고 예약하면, 그 기억은 오히려 더 오래 남을 것이라는 낙관주의론이 펼쳐진다.

뷰가 아주 좋은 집에 놀러 가보면 손님은 전망에 감탄하며 제대로 즐기지만, 집주인은 이미 오래전에 질려 무감각해져 커튼을 치고 잘 보지도 않는 경우가 많다. 이런 사례들은 주변에서도 어렵지 않게 찾아볼 수 있다. 초고층의 경우 아찔함이나 고소공포증 때문에 아예 커튼을 치고 사는 사람들도 있다.

물론 자금이 넉넉하다면 뷰가 좋으면 다홍치마겠지만, 그 실상을 좀 더 자세히 이해할 필요가 있다. 집 외에도 평생 배당과 연금소득 같은 불로소득, 그리고 건강이 무엇보다 중요하기 때문이다. 이와 같이 관점을 바꾸면 전국의 1층 아파트가 보물이 된다.

강원도 동해 바닷가의 오션뷰 아파트도 이따금씩 바라볼 때 제맛이다. 해운대 달맞이 고개의 해돋이 바닷가 뷰도 계속 보다 보면, 흐린 날에는 마치 쓰나미가 몰려올 것 같은 느낌마저 든다. 고층의 한강 뷰 역시, 이미 한강공원에서 운동하며 보고 온 풍경을 집에서 또 보게 되니 쉽게 질리기 마련이다. 초고층 아파트의 거실 창문 밖을 아래로 내려다보면 정말이지, 마치 곧 떨어질 것만 같은 아찔한 느낌마저 든다. 이런 기분은 차라리 잠실 롯데타워 스카이 전망대에 가서 한두 번 느껴보는 것으로 족하지 않을까 하는 생각도 든다.

뷰가 수려하지 않은 저층 아파트 매수자를 위해 다른 관점으로 표현해본 것이다. 모든 것은 결국 마음이 좌우하는 것이다. 어렸을 적 집에서 어머니가 해주신 집밥이 자극적인 맛은 아니어도 늘 그리워지는 것처럼, 집 또한 '집은 집 같아야 한다'는 말이 떠올라 머릿속을 맴돌게 된다.

집에서 계속 배달 음식을 먹으면 탈이 나듯, 초고층 주거는 조금씩 몸에 무리를 안겨준다. 신축 아파트라면 같은 단지의 1층 초소형 남향으로 이사할 경우, 덤으로 몇억 원을 절약할 수 있다. 이는 곧 대출을 없앨 수 있는 지혜로운 방법이라 할 수 있다.

한편, 아파트 자체가 방범에 취약하지 않기 때문에 1층이라고 해서 도둑이 들기 쉽다는 말은 이제 옛말이 되어버렸다. 커튼으로 사생활 보호만 잘하면 아무 문제가 없다.

미국과 유럽, 일본 등에서는 고층 아파트의 유해성이 드러나면서 저층화 정책을 적극적으로 추진하고 있다. 특히 미국과 유럽에서는 이미 1980~1990년대에 고층 아파트를 건설하다가 인간에게 부정적 영향을 미친다는 연구 결과가 정책에 반영되어, 아파트를 폭파하고 저층 주택으로 바꾸는 사업을 진행하기도 했다.

반면 제도가 약하고 사업성에 민감하기로 유명한 대한민국만이 독불장군처럼 천정부지로 고층화가 치솟는 중이다. 요즘 사업성이 나온다고 하는 신규 분양 아파트는 최소 25~40층은 되어야 고층 축에 끼는 실정이다. 생각만 해도 아찔하다. 대출은 또 어떻게 할 것인가?

이제 가격이 가장 저렴하고, 건강에도 좋지만, 단지 1층이거나 저층이라서 소외받고 있었던 주거 전용면적 18평 이하에 해당되는 초소형 평수의 아파트가 조금은 다르게 보이는가? 이는 중대형 아파트 단지의 시설을 그대로 누릴 수 있는 초소형 저택이라 할 수 있다. 어쩌면 우리는 1층 아파트를 가장 저렴하게 살 수 있는 마지막 세대일지도 모른다.

장점은 하나 더 있다. 사랑하는 자녀들이 마음껏 뛰고 춤춰도 아랫집에서 따질 일이 없다. 한 고객은 저층 아파트의 창으로 나무가 우거진 틈

새 사이 초록 잎들이 보이는 것이 좋고, 화려하지 않은 뷰를 가진 나만의 거실에서 러닝머신을 마음껏 이용할 수 있어 너무 만족스럽다고 한다. 층간소음 걱정을 하지 않아도 되는 것이다.

거실은 햇빛이 일찍부터 잘 들어오는 밝은 남쪽이나 남동쪽 방향이 좋다. 일반적으로 건축 사업성 때문에 V자형으로 아파트 동을 설계하는 경우가 많아 남서향과 남동향이 나오는데, 두 방향의 기운은 완전히 다르다. 신축 아파트는 4베이, 3베이 같은 다중베이 구조가 많아 거실부터 방까지 같은 방향의 기운을 받는 경우가 많다. 현관 입구 방향도 가급적 동쪽(長男), 북쪽(次男)처럼 양의 기운을 띠는 동사택 방위가 무난하다.

미니멀 라이프와
다운사이징 그리고
곧 이어질…

자산이 증가하면서 행복도 함께 커져야 함은 당연한 이치다. 현대 사회에서는 삶의 만족도를 최상으로 유지하면서, 동시에 자본주의의 산물인 재물도 불어나도록 해야 한다. 맞춤복이 내 몸에 가장 딱 맞고 잘 어울릴 뿐만 아니라 가장 편안하듯, 현재 나의 자산이 안정적으로 증식할 수 있도록 최적화하는 준비 과정이 필요하다.

물건을 비우고 삶 자체를 최우선적 가치로 바라보며 즐기는 미니멀 라이프! 그리고 이 미니멀 라이프를 바탕으로, 물리적·경제적 자유를 체감하게 해주는 다운사이징! 다운사이징 과정에서 나를 중심으로 한 인간관계와 반복되는 루틴의 효율을 최적화하고, 여기에 맞는 라이프스타일을 뒷받침하는 가전제품의 최적화는 다운사이징된 삶을 한층 더 만족스럽게 만들어준다.

물건은 미니멀 라이프, 공간은 다운사이징, 가전제품은 최적화. 이렇게 나를 중심으로 한 삶은 100세 시대를 정복하는 소소한 만족감을 선사한다. 필요한 부분만 골라 쓰면 된다. 미니멀 라이프와 다운사이징, 그리고 파이어(FIRE)는 다른 것 같지만, 같은 영역에서 매우 밀접하게 연결되어 있다.

미니멀 라이프와의 적절한 조화는 고객들의 발전 과정을 보면서 확인할 수 있었다. 꼭 고수익이 아니더라도 단계적으로 삶과 금융자산이 함께 성장하는 데 가장 이상적인 도움이 된다.

탄탄한 건전성을 기반으로 한 미니멀 라이프는, OECD 노인 빈곤율 1위·노인 자살률 1위인 대한민국의 4명 중 1명 이상이 노후 파산을 겪고 있는 현실 속에서 안락한 노후를 50년간 유지하는 데 큰 도움이 될 것이라 확신한다.

평범한 한국인이 현실적으로 가장 빠르게 파이어하는 방법

다음은 서울의 중산층 아파트, 수도권 또는 지방 우수 지역을 중심으로 대략적으로 비교한 것이다. 그야말로 충격적인 현실이 아닐 수 없다.

미니멀을 완성한 경우, 주거 전용면적 13평 아파트도 오히려 좁은 평수가 아니라는 것을 깨닫게 될 것이다. 대출은 '0원'이 되었고, 유지·관리 비용도 줄었으며, 소비도 감소하고, 모든 것이 미니멀화되었다. 미니멀을 완성하기 전에는 대출을 포함한 각종 비용이 최소 월 200만 원 정도 발생했지만, 모두 제거되었다고 가정해보자.

월 200만 원 대의 비용지출은 상당히 중요한 의미를 내포한다. 4년 뒤에는 1억 원이 절감된 셈이므로, 연 2,400만 원씩이면 1억 원이 모이게 된다. 금융 계좌의 잔고는 늘었고, 오히려 추가로 배당 수익도 발생

[대출 없는 다운사이징을 한 미니멀리스트의 미래]

주요 구분	Minimalist	Normal
월 급여	월 450 만원	
라이프 스타일	Minimal	Normal
아파트 다운사이징	Downsizing	Normal
공급면적(평)	18평	36평
주거 전용면적(평)	13평	29평
시가(市價)	4억 원	10억 원
대출	0원	3.5억 원
부동산 순자산	4억 원	6.5억 원
월 대출이자(연 4%)	0원	120만 원
유지관리 비용	25만 원	40만 원
미니멀로 인한 지출	5만 원	40만 원
월 고정지출	30만 원	200만 원
연 고정지출	360만 원	2,400만 원
연 고정지출 차이	연 2,040만원	
소비	120만 원	120만 원
월 저축투자가능액	300만 원	130만 원
보험 최적화	O	X
고정지출 최적화	O	X
금융 최적화	O	X
FIRE(경제독립, 조기은퇴)	준(準) FIRE	X
배당 최적화	O	X
연 배당 수익	1,500만 원	X
부동산 대체 금융자산	2.5억 원	0원
일반 금융자산	1억 원	1억 원
현재 금융자산 합계	3.5억 원	1억 원
4년 후 금융자산 합계	5.5억 원	1 억 원
8년 후 금융자산 합계	10억 원	1.5억 원
10년 후 금융자산 합계	15억 원	2억 원
FIRE 가능성 여부	O	X

했을 뿐만 아니라, 배당 수익 규모 또한 점차 커지게 되었다. 대출 없이 수익률을 0%로 가장한 금융 투자 자산은 기하급수적으로 계속 늘어나게 되어 조기 은퇴가 꿈이 아닌 현실이 될 수 있도록 힘을 보탠다.

입지에 큰 가격 차가 발생하지 않도록 구축과 신축의 전형적인 근방 두 아파트를 사례로 들었다. 조금 더 입지 차이가 나면 각종 대출 및 유지 지출 비용은 더 커지게 되고, 금융자산의 크기도 시간이 갈수록 더욱 벌어지게 된다. 이는 매우 중요한 사실이며, 경제적 독립 및 조기 은퇴가 결코 먼 이야기가 아님을 깨닫게 해주는 대목이다.

더 나아가 과감한 결정과 약간의 시간은 어느 정도의 준(準)파이어라도 결국은 달성하도록 해준다. 그렇기 때문에 고수익률도 중요하지만, 서울 및 수도권에서의 다운사이징은 아주 중요한 치트키가 될 수 있다. 단, 미니멀 라이프가 선행되어야 성공할 수 있다. 그전에는 현실적인 엄두를 내기가 힘들다.

준(準)파이어에 도달하기만 하면, 파이어에 완전히 안착하는 것은 규모와 시스템의 문제일 뿐이다. 머지않아 누구든 충분히 파이어에 도달할 수 있으리라 확신한다.

일반적인 직장인이나 자영업자 기준으로 가장 중요한 점은 미니멀 라이프, 보험 최적화, 고정지출 최적화, 금융 최적화, 연금 최적화, 부동산 최적화, 다운사이징, 배당 최적화를 모두 접목해, 파이어를 목표로 금융 구조를 철저히 압축해야 한다는 것이다.

이에 대한 자세한 내용은 곧 출간될《배당 투자 최적화 더 파이어》에 대한민국의 어떤 전문가도 함부로 접근할 수 없는 내용을 망라해놓았으며, 이미 출간한《나는 연금 최적화로 매월 남들보다 연금을 3배나 더 받는다》를 통해 시중에서 제시하고 있지 않은 연금 플랜을 적용해보길 바란다. 사실 지금 이 책만 정독해도 충분히 이해할 수 있을 것이다.

미니멀 라이프, 다운사이징, 그리고 각종 최적화는 각각의 개별 항목에서 당장 큰 금액 차이를 만들어내지는 않는다. 하지만 이 모든 것이 합쳐졌을 때에는 어마어마한 위력을 발휘한다. 이는 앞의 사례에만 국한되지 않는다. 세상의 모든 일이 그러하듯 복리와 레버리지 효과와도 흡사하다.

그래서 개별적인 고정지출 항목은 작더라도 줄이고, 반드시 습관화해야 한다. 이 부분을 강조하는 이유는 물도 100도가 되어야 끓듯, 마지막 능선을 넘어설 때 비로소 작은 힘들이 모여 거대한 자본주의의 위력을 몸소 체감할 수 있게 되기 때문이다. 물론 단순한 절약만으로는 결코 큰 부자가 될 수 없다. 그러나 의외로 현실에서는 기초가 탄탄하지 않으면 자산은 절대로 단계적으로 늘어나지 않는다.

여섯 번째

배당(配當) 건물주 되기

배당받는 미니멀리스트는 파이어 후보!

우리가 사는 대한민국은 지구의 보물섬

여태껏 경제적인 부분에 대해 많은 언급을 하지는 않았지만, 미니멀 라이프가 어떻게 우리의 삶에 직·간접적으로 영향을 주는지 100도가 조금씩 이해가 갈 것이다.

기업을 거래소에 상장시키는 과정을 지켜본 사람은 알겠지만, 지수(Index)나 개별 주식 종목은 프로그램·시스템·알고리즘 매매 등을 통해 반드시 인위적인 요소가 반영되도록 설계되어 있다. 철저히 기업에게 유리한 구조라 할 수 있다. 자본주의는 본질적으로 인위적인 체제이기 때문이다.

만나면 헤어지고(會者定離), 헤어지면 반드시 만나게(去者必返) 되어 있다. 현재는 북한과의 지정학적 리스크가 항상 존재하지만, 자연의 섭리상

독일과 마찬가지로 언젠가는 한국도 통일이 될 것이다. 정부 역시 현재의 분단 상황 속에서 통일에 대한 노력을 전혀 하지 않을 수는 없는 법이다. 세계적인 투자자인 워런 버핏(Warren Buffett)은 북한 채권을 적극 추천했고, 짐 로저스(Jim Rogers)는 한국이 통일되면 세계적인 투자처가 될 것이라 예견했다.

부동산은 지하철이 올라오기 전에 사는 것이고, 한국의 우량 배당주도 통일이 되기 전에 보유하는 것이다. 한국 우량 배당주는 하락할수록 배당 매력도가 생기고, 결국 매수세가 따라붙는다. 따라서 매매를 반복하기보다는 하락 시 보유하고 모아가는 전략이 때가 되면 매우 유리할 수 있다.

한편, 우리 정부는 수년째 선진국 대열에 합류하기 위해 MSCI(모건스탠리 캐피털 인터내셔널) 선진국 지수 편입을 시도했지만, 아쉽게도 계속 실패를 반복했다. 그러나 중요한 점은 편입되었을 때가 아니라, 편입되지 않았을 때가 바로 우량 배당주를 보유할 기회라는 사실이다. 중장기적으로는 미국 주식이나 배당킹, 배당귀족 등에 연연할 때가 아니다.

유달리 주주 친화적이지 못한 한국 주식이 항상 한국 경제 성장의 발목을 잡고 있기 때문에, 주주에게 유리한 방향의 상법 개정안은 앞으로 더욱 긍정적으로 작용할 것이 분명하다. 따라서 상법이 개정되기 전에 국내 우량 배당주를 가능한 한 많이 보유해야 한다. 주주 친화적으로 성향을 바꾸기 전에 미리 보유해두는 것이 핵심이다.

450조 원 규모의 퇴직연금 시장에서도 대한민국은 선진국들과 달리 거대한 DB형이 아직도 절반가량을 차지하고 있다. 이는 평생 일군 퇴직금에 대한 원금 보장의 의지가 강하기 때문이다. 하지만 머지않아 DB형에서 DC형으로 전환이 의무화될 것이고, DC형 내에서도 원금 보장형의 비중은 점차 줄어들 것이다. 결국 거대한 자금이 모두 증시로 흘러들어가게 된다. 미국 역시 퇴직연금 제도가 시행된 이후 장시간의 박스권을 탈피하며 꾸준한 우상향을 시작했다.

미국뿐만 아니라, 유럽이나 일본도 퇴직연금의 의무화 이후 주가지수가 레벨 업했다. 퇴직연금 의무화 이후 디폴트 옵션 도입 및 DC형으로 전환까지 점진적인 발전을 하고 있는 시장 환경에서 현재의 국내 코스피 지수를 절대 무시해서는 안 된다. 특히, 대한민국의 우량 배당주는 차익과 배당금 두 마리의 토끼를 안겨다 줄 것이다.

한편, 유라시아 대륙의 동쪽 끝에 위치한 한반도인 대한민국은 세계 최고의 과학 기술력을 목표로 삼고 있다. 든든하기 짝이 없는 장남의 방향이라 할 수 있는 동쪽에서 떠오르는 태양의 에너지를 받으며 급속도로 성장하고 있다.

미니멀 라이프는 부자가 되기 위한 준비 단계

국내에서는 10여 년 전부터 현재까지 미니멀 라이프에 대한 관심이 점차 부각되면서, 이에 대해 많은 트래픽이 몰리고 있다. 미니멀 라이프가 국내로 들어오는 과정에서 지나치게 극단적인 미니멀 라이프를 실천하는 사례들도 어렵지 않게 찾아볼 수 있다.

경제적 독립을 이루어 가능한 한 빨리 조기 은퇴를 목표로 하는 파이어(FIRE)의 개념 역시 국내로 들어오면서 좀 더 극단적으로 표현되는 경우가 많다. 한국 사회의 시각에서 바라볼 때, 이러한 개념들을 그대로 받아들이기에는 어려운 지점들도 분명히 존재한다.

이 책에서는 지나치게 기형적이며 극단적인 미니멀 라이프(Extreme Minimal life)를 실행하기보다는 한국 자본주의 사회 속에서 각개전투로 생존하는 과정에서 스스로에게 집중하며 삶의 가치 있는 효과를 누릴 수 있도록, 보다 현실적인 측면에서 최적화된 미니멀 라이프를 소개하고 있다.

꼭 특정한 방법이 낫다기보다는, 무엇이든 나에게 맞게 최적화하고 개량하면 자신만의 미니멀 라이프를 향유할 수 있다. 이 과정에서 우리가 추구하는 부와 건강도 자연스럽게 따라오게 된다. 마치 양택풍수가 삶의 터전을 풍요롭게 하는 원리와 함께 작용하듯, 고차원의 미니멀 라이프를 완성하도록 가미해 업그레이드하는 데 손색이 없도록 했다.

전 세계의 미니멀 라이프를 다룬 수많은 도서와 방송, 유튜브 콘텐츠 가운데서도, 이 책은 인간과 인간의 효율, 그리고 자본을 중심으로 한 최적화된 접근을 담고 있다. 그렇기에 여러분에게 실질적인 도움이 되고, 삶의 큰 변화를 이끌어낼 계기가 되어줄 것이다.

우리는 누구나 은퇴를 한다. 대한민국이라는 환경 속에서 조금 더 조기에 은퇴할 수 있도록 실질적 도움을 주기 위해, 필자는《배당 투자 최적화 더 파이어》라는 책을 집필했다. 장기간 금융 외적인 초석을 다지지 못했던 문제들을, 필자는 미니멀 라이프를 통해 비금융적인 측면에서 풀 실마리를 발견했고, 그 결과《미니멀 라이프 최적화》가 먼저 출간되는 일이 벌어지게 되었다.

배당 투자 최적화로 독자분들의 금융자산을 파트별로 완전히 최적화해, 각자의 상황에 적합한 파이어를 달성하기를 바란다. 단연코 자산관리의 모든 파트를 집대성한 전대미문의 최적화 절정판이라 자부한다. 필자가 장시간 금융업에 몸담으며 어렵게 망라한 개인 금융에 관한 부분을 금융 소비자 입장에서 집대성했다.

미니멀리스트와 파이어족 모두 궁극적으로는 부와 밀접한 관계가 있다. 결국 파이어를 성공한 사람은 미니멀리스트인 경우가 많았다. 그리고 미니멀리스트들 역시 파이어와 은퇴 이후의 시간적·경제적 자유를 향해 나아가고 있거나 이미 달성한 경우가 상당히 많다.

조선시대 최진사댁 대감의 넓은 한옥집을 보더라도, 궁극적으로는 오늘날의 미니멀 라이프와 크게 다르지 않았을 것이다. 동서고금을 막론하고 과거부터 현재까지 미니멀 라이프는 인간이 실천해온 습관이자 부자들이 누려온 삶의 방식 중 하나였다. 법정 스님의 '무소유' 또한 한국형 최소주의자의 라이프스타일과 일맥상통한다.

풍수적으로도 부와 건강에 아주 긍정적인 영향을 끼친다는 사실도 점점 과학적으로 증명되어가고 있다. 큰 부자들일수록 풍수, 최적화된 미니멀 라이프, 그리고 자본주의의 꽃이라 할 수 있는 배당의 중요성을 잘 알고 있다. 실제로 50대 이상의 미니멀리스트들 중에는 풍수에 깊은 관심을 두는 이들이 많다.

이 책에서는 공간적인 제약으로 인해 경제적인 내용을 풍부하게 담을 수 없었다. 하지만 역설적으로 미니멀리스트와 경제적인 부분은 밀접하게 관련되어 있고, 오히려 금융 서적의 범위에서는 오지랖 넓게 다른 부분을 언급하기가 꺼려지기 때문에 이 책을 통해 부수적으로 설명하게 되었다. 미니멀리스트의 습관은 부자와 떼려야 뗄 수 없는 불가분의 관계라 해도 과언이 아니다.

인간에게는 최소한의 독립적인 공간이 필요하다고 한다. 그런데 부동산 가격은 터무니없이 비싸고, 물건은 넘쳐나며, 개인이 누릴 수 있는 공간은 턱없이 부족하다.

평생 동안 여유로운 개별 공간이 인간에게 주는 힘은 무궁무진하다. 시간적·경제적 자유를 넘어 공간적 자유를 누리는 미니멀리스트로 한 걸음 다가가 보는 것은 어떨까? 거기에서 조금 더 나아가 미니멀리스트로서 자본주의의 꽃이라 할 수 있는 배당 투자를 하게 되면 새로운 세계가 펼쳐질 것이다. 한국 우량 배당주는 그냥 사서 보유하면 되기 때문에 어려울 것이 하나도 없다.

투자에서 매우 중요한
5요소 중의 하나

필자가 20여 년간 연금과 배당 등 투자 최적화의 외길을 걸어오며 이 책을 쓰게 된 숨어 있는 이유가 있다. 그것은 마치 공기와도 같아 눈에는 보이지 않지만, 그 소중함을 절실히 느낄 수 있는 아주 중요한 요소다. 투자에서 결정적으로 큰 영향을 끼치는 가장 중요한 것이 무엇이라고 생각하는가?

자본, 시간, 투자 기술, 탐욕 등이 있을 것이다. 그러나 필자가 말하려는 바는 이런 뻔한 내용이 아니다. 대중들은 주로 어떤 투자 방법이나 고수익률에 열광한다. 하지만 분명히 비슷해 보이는데도 각자 다른 결과를 맞이하는 경우가 생긴다. 그렇다면 필자가 무릎을 치며 강조하고자 하는 그 '나머지 하나'는 무엇일까?

이 책에서 전달하고자 하는 아주 중요하지만, 잘 보이지 않는 성공적인 투자를 위한 요소는 무척이나 의아하게 들릴 수 있겠지만, 바로 계속해서 쉬지 않고 반복되는 생활(生活, Living)이라 할 수 있다. 다른 어떤 책에서도 생활을 이처럼 다루지는 않는다. 물론 기본적인 부분이라고 말하는 사람들도 분명 있을 것이다. 각자 상상하는 다른 부분들이 있을 거라 생각하지만, 자세히 알고 보면 탄식을 금치 못할 것이다.

아주 싱거운 느낌이 들 수 있겠지만, 생활은 매일 펼쳐지고 있는 일상의 삶이기도 하지만, 매일 무섭게 반복되는 자본주의의 지독한 족쇄거나 고정지출이기도 하다. 실제로 많은 사람들이 고군분투 끝에 투자를 뼛속 깊이 이해할 만하면 무리한 생활 때문에 무너지는 경우가 많다. 그래서 생활이 아주 중요한 것이다. 어떻게 생활을 정복하느냐에 따라 양날의 칼은 쓰임이 완전히 달라지게 된다. 반드시 고정지출을 최적화시키길 바란다. 풀지 못한 조각이 맞추어질 수도 있을 것이다.

미니멀 라이프를 이해하고, 고정지출을 최적화해 일종의 보이지 않는 자격을 갖춘 사람은 평생에 걸쳐서 출렁이거나 들이닥치는 다양한 리스크와 관계없이 가능한 한 빨리 파이어를 달성해 지속할 수 있을 것이다.

이 책을 정독한 후에는 분명 파이어, 배당, 연금이라는 구조적 생활이 한 단계 성숙해질 것이라 강하게 확신한다. 그리고 이 책을 통해 얻을 수 있는 초석의 진정한 주인공은 바로 당신이다.

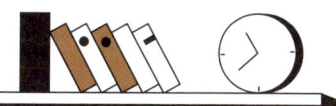

자본주의의 꽃!
배당(配當) 계좌 세팅하기

처음에는 양이 적더라도 꾸준히 모아갈 수 있도록 해보자. 적지만 분명 배당을 받을 수 있다. 자본주의의 꽃은 바로 배당이다. 기가 막힌 배당의 원리에 대해서는 《배당 투자 최적화 더 파이어》에서 자세히 설명하겠지만, 미국 배당주에 지나치게 얽매이지는 말아야 한다. 이미 소문난 잔치에 먹을 것이 적거나 없을 수 있다. 그 대표적인 사례 중 하나가 미국 주식의 월배당주다.

2025년 하반기 현재, 10년 만기 브라질 국채 표면이율 연 10% 비과세 6개월 이표채로 일부를 할당하면, 6개월마다 브라질 국채의 이자를 비과세로 받을 수 있고, 현재 환율 리스크가 현저히 떨어진다. 표면이율 연 10%가 비과세되기 때문에 배당 포트폴리오를 짤 때도 그 역할을 톡톡히 해준다.

다운사이징이 된 아파트에는 대출이 없고, 증권계좌에서는 잊을 만하면 배당금이나 비과세 이자소득이 지급되며, 국민연금 또는 공무원연금, 사학연금이나 퇴직연금 또는 개인연금에서 연금까지 지급되면, 연금소득과 배당소득은 시간적·경제적 자유를 넘어 파이어를 하는 데 큰 일조를 하게 될 것이다. 등락이 있겠지만, 시간이 지나면 물가가 오르는 만큼 우량 배당주의 평가금액도 당연히 커지게 되어 있으니 얼마나 좋은가?

한편, 과세로부터 탈(脫) 중앙화되어 있는 비과세 또는 준(準)비과세 체제로 세팅되어 있거나 고소득이 아닌 경우에는 반드시 국민연금을 최대 5년 조기연금으로 신청해 가능한 한 빨리 연금 생활을 누리면서 배당 수익까지 가져가길 바란다. 배당 수익 연 2,000만 원 미만은 조기연금 수령액을 삭감시키지 못하므로, 앞서 언급한 것처럼 대출만 없다면 꽤 괜찮은 플랜을 짤 수가 있다. 그래서 연금이나 배당소득이 넉넉지 않은 경우 다운사이징도 심각하게 고려할 만하다. 그러려면 가급적 미니멀 라이프가 선행되어야 한다. 강조하건대 한국 자본주의는 대체로 각개전투의 장(場)임을 잊어서는 안 된다.

시작이 반이다. 우량 배당주(配當株)나 비과세 국채를 보유함으로써 1년에 몇 차례씩 배당금을 받을 수 있도록 증권계좌를 개설해 전용계좌로 등록하도록 하자. 플레이스토어에서 '한국투자증권'을 검색해 앱을 다운로드한 뒤 신규계좌를 개설할 수 있다. 배당주는 단 1주라도 시작해 놓는 것이 중요하다. 다만, 최근 3년간 이자 및 배당 소득이 2,000만 원을 초과해 금융소득 종합과세 대상자가 된 경우에는 신규 ISA 계좌 가입이 불가능하므로, ISA를 제외하고 개설하면 된다.

계좌 개설 절차

> 플레이스토어 '한국투자증권' 앱 검색 → 계좌 개설하기 → ISA+국내/해외 주식+IRP+개인연금+CMA 동시 선택 → CMA상품 발행어음형 선택 → 한국투자증권 영업점 계좌 선택 → 영업점(마곡PB센터) 권유 FC(SU6883 황재수) 입력 → 계좌 개설 완료 후 영업점에 통보

투자권유대행인(FC)으로 필자를 등록해 배당 투자 최적화의 여러 지혜와 노하우, 중장기 전략, 주요 시황, 배당 방법론, 숨어 있는 보물 배당주 비교, 미국 배당주와 한국 배당주 비교, 배당 최신 정보, 금융 위기 정보, 빅쇼트 정보 등의 소식을 접해 부디 연금과 배당 부자로 거듭나서 시(時)·공(空)·경(經)의 자유를 누릴 수 있기를 진심으로 바라는 바다.

이 내용은 종목 추천이나 리딩이 아님을 거듭해 강조한다. 한국 자본주의 각개전투의 장에서 지혜와 슬기가 투영되어 돈으로는 살 수 없는 노하우를 전달해주는 것이다.

No dividend, No FIRE! 배당이 없으면 파이어도 없다!

[부록] 진짜 미니멀리스트의 풍수 배치 파악을 위한 그림

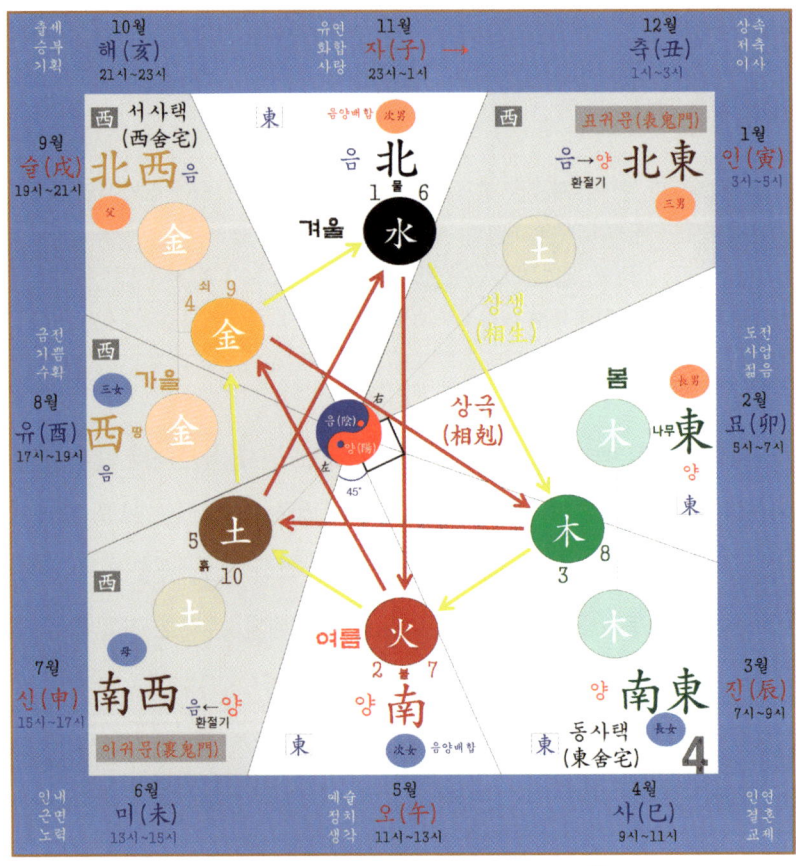

[동서사택과 음양오행의 상생과 상극도]

미니멀 라이프 최적화

제1판 1쇄 2025년 12월 11일

지은이 황재수
펴낸이 한성주
펴낸곳 ㈜두드림미디어
책임편집 최윤경
디자인 노경녀(nkn3383@naver.com)

㈜두드림미디어
등 록 2015년 3월 25일(제2022-000009호)
주 소 서울시 강서구 공항대로 219, 620호, 621호
전 화 02)333-3577
팩 스 02)6455-3477
이메일 dodreamedia@naver.com(원고 투고 및 출판 관련 문의)
카 페 https://cafe.naver.com/dodreamedia

ISBN 979-11-24026-11-3 (13590)

책 내용에 관한 궁금증은 표지 앞날개에 있는 저자의 이메일이나
저자의 각종 SNS 연락처로 문의해주시길 바랍니다.

책값은 뒤표지에 있습니다.
파본은 구입하신 서점에서 교환해드립니다.